독도
객관식
문/제/연/습

독도 객관식 문/제/연/습

김명기 지음

이담 Books

Introduction
머리말

우리 「헌법」은 "모든 국민은 국토방위의 의무를 진다"라고 규정하고 있다 (제39조 제1항). 따라서 모든 국민은 우리나라의 영토인 독도를 방위할 의무를 지고 있다. 모든 국민이 독도를 방위할 의무를 다하기 위해서는 모든 국민이 독도가 우리나라의 영토라는 확신에 기초한 영토의식을 가져야 한다고 본다. 그러기 위해서는 독도가 우리나라의 영토라는 역사적 · 국제법적 근거를 이해함을 요한다. 이에 모든 국민이 독도문제를 보다 쉽게 이해하고 또 보다 쉽게 기억하는 데 도움이 될 수 있도록 이 『독도 객관식 문제연습』을 저술하기로 한다.

일찍이 저자는 사법시험위원으로서 국제법 객관식 연습 문제를 다년간 출제한 바 있고, 또 『국제법 객관식 문제연습』을 우리나라에서 최초로 출간한 경험이 있다. 이 경험이 이번 『독도 객관식 문제연습』 저술에 많은 도움이 되었다. 저자는 『독도 객관식 문제연습』이 우리나라에서 처음 출간되는 객관식 문제집이라는 점에서 자긍심을 가져 보며, 다른 한편으론 선구자로서의 무거운 책임감 또한 가져 본다. 우리나라 보통사람의 눈높이에 적합한 문제 범위와 수준을 어떻게 결정한 것인가에 대해 많은 고민을 했다. 비판의 여지는 있으나 동북아역사재단이 제시한 『독도바로알기』, 『영원한 우리 땅 독도』, 『우리 땅 독도를 본다』 그리고 『우리 땅 독도를 만나다』가 독도교육의 범위와 수준을 제시해 주고 있다. 이들 지침에 따라 이 객관식 문제연습을 집필하기로 했다. 동북아역사재단이 제시한 위의 자료에서 누락되었다고 보이는 내용을 추가 · 보완하기로 했다.

　제1부에서 300여 선다형 객관식 문제와 해설을 실었다. 문제 가운데 유사 또는 중복된 것이 있으나 이는 중요문제의 확인을 위해 필요하다고 생각된다. 제2부에서 단답형 서술문제 3개, 기본적인 문제 5개를 제시하고 그 해설을 수록하였다. 그리고 제3부에서 암기를 필요로 하는 중요사항을 간략한 표로 요약·정리하기로 했다.

　이 작은 책자가 널리 읽혀 모든 국민에게 영토의식을 함양하고 애국심을 고양하는 데 폭넓게 도움되고, 특정 시험을 대비하는 이들에게, 특히 "독도 과거대회"를 준비하는 이들에게 문제 해결의 길잡이가 되었으면 하는 바람을 가져 본다.

　집필을 도와준 동북아역사재단, 독도조사연구학회, 영남대독도연구소, 국립중앙도서관의 여러분에게 감사드리며, 시장성이 없는 이 저서의 출판을 오로지 모든 국민의 영토의식 함양을 위한 애국심으로 맡아 주신 한국학술정보(주)의 채종준 대표이사님께 경의를 표하는 바이다. 이 문제집의 집필에 아내의 인내와 애정으로 도움을 준 고마움을 잊을 수 없다.

2013년 8월 15일

김명기 씀

Contents
차례

PART 03

주요
암기사항
요약표

PART

01

선다형
객관식 문제와 해설

01 그 명칭을 불문하고 독도에 관한 명문규정이 있는 것은?

① 항복문서, 포츠담 선언, 한일어업협정
② 한일기본관계조약, 카이로 선언, 평화선 선언
③ 대일평화조약, 항복문서, 포츠담 선언
④ SCAPIN 제677호, SCAPIN 제1033호, 심흥택 보고서

 정답 ④

> **해설** 'SCAPIN 제677호' 제3항에 독도는 일본의 통치로부터 제외된다는 규정이 있다. 'SCAPIN 제1033호' 제3항에는 일본선박과 국민은 독도 12해리 이내에의 접근을 금지한다는 규정이 있다. 심흥택 보고서에 독도가 '독도'로 표기되어 있다. ①②③ 어느 규정에도 독도라는 명문규정이 없다.

02 다음 중 틀린 설명은?

① 독도는 주도인 '동도'와 '서도' 그리고 89개의 작은 바위섬으로 형성되어 있다.
② 서도가 동도보다 넓다.
③ 서도가 동도보다 낮다.
④ 우리나라의 동단은 동도의 동단인 경도 동경 13°52′20″이다.

 정답 ③

> **해설** 서도가 동도보다 높다. 동도 높이는 99.6m이고 서도 높이는 168.5m이다.

03 다음 설명 중 틀린 것은?

① 동도에 독립문바위가 있고 서도에 3형제굴바위가 있다.
② 동도와 서도 간의 사이는 110~160m이다.
③ 동도에 유인등대와 어민숙소가 있고 서도에 경찰경비대가 있다.
④ 독도의 대포는 동도에 거치되어 있다.

 정답 ③

 어민숙소는 서도에 있다. 유인등대와 경찰경비대는 동도에 있다.

04 다음은 독도와 울릉도 간의 거리(A), 독도와 오끼섬 간의 거리(B)이다. 맞는 것은?

① A: 87.4km   B: 157.5km
② A: 157.5km   B: 87.4km
③ A: 799.8km   B: 37.14km
④ A: 805km   B: 87.4km

 정답 ①

 독도와 울릉도 간의 거리는 87.4km이고, 독도와 오끼섬 간의 거리는 157.5km로 전자가 후자보다 70.1km 짧다.

05 다음 기술 중 틀린 것은?

① 서도에 물골이 있다.
② 서도에 독도 이사부길이 있다.
③ 서도는 동도의 서북방에 있다.
④ 우리나라의 동단은 동도의 동단인 경도 동경 31°52′22″이다.

 정답 ②

 서도에 "독도 안용복길"이 있고, 동도에 "독도 이사부길"이 있다.

06 다음 중 독도의 주소는?

① 경상북도 울릉군 울릉읍 독도리 1~96번지
② 경상북도 울릉군 울릉읍 도동 42~76번지
③ 강원도 울릉군 저동 42~70번지
④ 경상북도 울릉군 도동읍 독도리 1~42번지

☆ **정답** ①

 해설 오늘 독도의 주소는 '경상북도 울릉군 울릉읍 독도리 1~96번지'이다.

07 "우산과 무능 두 섬이 서로 거리가 멀지 아니하여 날씨가 맑으면 가히 바라볼 수 있다"라고 기술되어 있는 것은?

①『고려사』
②『삼국사기』
③『세종실록지리지』
④ 고종칙령 제41호

☆ **정답** ③

 해설 『세종실록』「지리지」강원도 울진현에 "우산 무능 두 섬이 서로 거리가 멀지 아니하여 날씨가 맑으면 가히 바라볼 수 있다"라고 기록되어 있다.

08 독도의 공식적인 영문표기는?

① Dockdo Islets
② Dock Islands
③ Dokdo
④ Tok do

☆ **정답** ③

 해설 1951년 7월 19일 양유찬 주미 한국대사가 미 국무성에 보낸 공한에 "Dokdo"로 표기되어 있다.

09 다음 중 연대순으로 나열된 것은?

① 포츠담 선언, 카이로 선언, 항복문서
② 항복문서, 카이로 선언, 포츠담 선언
③ 카이로 선언, 포츠담 선언, 항복문서
④ 항복문서, 포츠담 선언, 카이로 선언

 정답 ③

> **해설** 카이로 선언은 1943년 12월 1일, 포츠담 선언은 1945년 7월 26일, 항복문서는 1945년 9월 2일, 대일평화조약
> 은 1951년 9월 8일에 각각 있었다.

10 팔도총도(八道總圖)는 어디에 있는 지도인가?

① 『신증동국여지승람』
② 『삼국사기』
③ 『고려사』
④ 고종칙령 제41호

 정답 ①

> **해설** 팔도총도는 『신증동국여지승람』에 수록된 고지도이다. 독도를 우산도로 표기하여 한국의 영토임을 표시하고
> 있다.

11 다음 중 평화선은 어떤 것인가?

① 맥아더 라인
② 이승만 라인
③ 크라크 라인
④ 북방한계선

 정답 ②

> **해설** 1952년 1월 28일 "국부원고시 제14호"로 인접해양에 관한 주권선언이 있었다. 동 선언에 의한 인접해양의 경
> 계선을 "평화선" 또는 "이승만 라인"이라 한다.

12 독도의 12마일 이내에 일본선박과 일본국민의 접근을 금지한 것은?

① 평화선
② SCAPIN 제677호
③ SCAPIN 제1033호
④ 카이로 선언

☆ **정답** ③

 해설 1945년 9월 2일 연합군 최고사령부는 일본 정부에 대해 일본선박과 일본국민이 어로 활동을 할 수 있는 수역을 설정했다. 이 수역의 경계선은 '맥아더 라인'이라 한다. 동 선언은 수차에 걸쳐 수정되게 되었다. 1948년 6월 22일의 'SCAPIN 제1033호' 제3항은 일본선박과 국민의 독도의 12해리 이내 접근을 금지하고 있다.

13 '고종칙령 제41호'와 관계있는 것은?

① 석도
② 제주도
③ 평화선
④ 항복문서

☆ **정답** ①

 해설 '고종칙령 제41호' 제2항은 울릉군수 관할구역의 하나로 석도를 규정하고 있다.

14 대일평화조약에 관한 설명으로 옳은 것은?

① 독도가 한국의 영토라고 명문으로 규정하고 있다.
② 독도가 일본의 영토라고 명문으로 규정하고 있다.
③ 독도가 일본의 영토가 아니라고 명문으로 규정하고 있다.
④ 독도가 일본의 영토라는 명문규정도 한국의 영토라는 명문규정도 들고 있지 않다.

☆ **정답** ④

 해설 "대일평화조약"에는 독도의 영유권이 한국에 있다는 명문규정도, 일본에 있다는 명문규정도 없다.

15 다음 중 울릉도와 독도를 조선과 동일한 황색으로 채색하고 독도 옆에 '조선의 것'이라고 표시한 지도는?

① 삼국접양도
② 한국전도
③ 조선동해인도
④ 팔도총도

 정답 ①

해설 삼국접양도는 1785년에 일본 실학자 하야시 시헤이가 제작한 지도로 독도를 조선과 같은 황색으로 채색했다.

16 다음 중 "울릉도와 독도는 일본과는 관계가 없음을 명심할 것"이라고 기술되어 있는 것은?

① 은주시청합기
② 태정관 지령문
③ 안용복 심문서
④ 조선국교제시말내탐서

 정답 ②

해설 1877년 3월 20일 태정관은 내무성의 공문에 따라 "울릉도와 독도는 일본과 관계없음을 명심하라"는 지령을 하달했다.

17 "본 주의 서북쪽 끝은 오끼섬을 경계로 한다"라고 기술하고 있는 것은?

① 은주시청합기
② 태정관 지령문
③ 안용복 심문서
④ 조선국교제시말내탐서

정답 ①

해설 1667년의 일본 외무성 관리가 울릉도, 독도를 시찰하고 작성보고한 『은주시청합기』에는 "본 주의 서북쪽 끝은 오끼섬을 경계로 한다"라고 기술하였다.

18 'SCAPIN 제677호'에 의해 일본의 통치권으로부터 배제된 것은?

① 제주도
② 울릉도
③ 독도
④ 제주도, 울릉도, 독도

정답 ④

해설 1948년 1월 29일 SCAPIN 제677호 3항은 제주도, 울릉도 그리고 독도는 일본의 정의(통치권)에서 제외된다고 규정하고 있다.

19 다음 기술 중 틀린 것은?

① 일본 측의 독도에 관한 최초기록인 『은주시청합기』는 울릉도와 독도는 일본의 국경 밖에 있음을 확인했다.
② 1778년의 태정관 지령은 내무성의 공문에 대해 "울릉도와 독도는 일본과 관계없음을 명심하라"고 지시했다.
③ 1876년 일본외무성관리의 『조선국교제시말내탐서』에는 "송도에 관해서는 지금까지 게재된 서류가 없음"이라고 기재되어 있다.
④ 일본의 독도에 관한 최초기록인 『은주시청합기』는 우리의 독도에 관한 최초기록보다 500년 이상 앞선 것이다.

정답 ④

해설 『은주시청합기』는 1667년의 기록으로 우리의 독도에 관한 최초기록인 1145년 『삼국사기』보다 500여 년 뒤진 것이다.

20 다음 기술 중 틀린 것은?

① 신라 이사부 장군이 지증왕 13년(512년)에 우산국을 정복, 독도는 신라의 통치하에 있게 되었다.

② 숙종 때 안용복은 2차에 걸쳐 일본에 가서 일본 관헌으로부터 울릉도와 독도는 한국의 영토라는 확인을 받았다.

③ 검찰사로 임명된 이규원의 울릉도 현황의 보고에 따라 고종은 쇄환정책을 수립하게 되었다.

④ 울릉군수 심흥택은 일본의 독도침탈 의도를 조정에 보고하면서 보고서에 '독도'라는 명칭을 사용했다.

 정답 ③

> **해설**　이규원의 보고에 따라 고종은 쇄환정책을 수립한 것이 아니라 폐지했다.

01 다음 (   )를 완성하시오.

독도가 형성된 것은 (A)년 전이고, 독도수면 (B)m 밑에 거대 화산체가 숨겨져 있다.

① A: 460만   B: 2,200
② A: 200만   B: 1,000
③ A: 250만   B: 1,500
④ A: 300만   B: 2,200

☆ **정답** ①

 해설 독도는 460만 년 전에 바닷속 화산폭발로 형성되었다. 독도 수면 아래 2,200m에 거대한 화산체가 숨겨져 있다.

02 다음 (   )를 완성하시오.

우리나라의 동단은 (A)인 경도 동경 (B)이다.

① A: 동도와 서도의 중앙   B: 130°52′20″
② A: 동도의 중앙   B: 130°52′20″
③ A: 서도의 저단   B: 130°52′20″
④ A: 동도의 동단   B: 130°52′22″

☆ **정답** ④

 해설 동도의 동단은 경도 130°52′22″이다.

03 다음 설명 중 옳은 것은?

① 유인등대는 동도에 있고 경찰경비대는 서도에 있다.
② 유인등대는 동도에 있고 경찰경비대도 동도에 있다.
③ 유인등대는 서도에 있고 경찰경비대는 동도에 있다.
④ 유인등대는 서도에 있고 경찰경비대도 서도에 있다.

☆ **정답** ②

 어민숙소(주민숙소)는 서도에 있다.

04 다음 설명 중 옳은 것은?

① 독도와 울릉도 간의 거리는 87.4km이고 독도와 오끼섬 간의 거리는 157.5km이다.
② 독도와 울릉도 간의 거리는 87.4km이고 독도와 오끼섬 간의 거리는 120.5km이다.
③ 독도와 울릉도 간의 거리는 157.5km이고 독도와 오끼섬 간의 거리는 87.4km이다.
④ 독도와 울릉도 간의 거리는 87.4km이고 독도와 오끼섬 간의 거리는 120km이다.

☆ **정답** ①

 독도와 울릉도 간의 거리는 87.4km이고, 독도와 오끼섬 간의 거리는 157.5km이다.

05 다음 (   )를 완성하시오.

독도의 행정구역은 (A)번지이고, 우편번호는 (B)이다.

① A: 경상북도 울릉군 울릉읍 독도리 1~96   B: 700 − 805
② A: 경상북도 울릉군 독도읍 독도리 1~96   B: 799 − 805
③ A: 경상북도 울릉군 울릉읍 도동 1~47   B: 799 − 805
④ A: 경상북도 울릉군 울릉읍 저동 1~47   B: 799 − 805

☆ **정답** ②

 독도의 행정구역은 경상북도 울릉군 울릉읍 독도리 1~96번지이고, 우편번호는 799 − 805이다.

06 다음 중 연대순으로 나열된 것은?

① 카이로 선언, 대일평화조약, SCAPIN 제677호
② 카이로 선언, 포츠담 선언, 대일평화조약
③ 포츠담 선언, 카이로 선언, 항복문서
④ 카이로 선언, 항복문서, 포츠담 선언

☆ **정답** ②

 해설 카이로 선언은 1943년 12월 1일, 포츠담 선언은 1945년 7월 26일, 항복문서는 1948년 9월 2일, SCAPIN 제677호는 1948년 1월 29일, 대일평화조약은 1951년 9월 8일에 각각 있었다.

07 〈한국전도〉는 어디에 수록된 지도인가?

① SCAPIN 제677호
② 대일평화조약
③ 일로전쟁실기
④ 동국여지승람

☆ **정답** ③

 해설 『일로전쟁실기』에 수록된 "한국전도"는 독도를 한국의 영토로 표시하고 있다.

08 1876년, 일본해군성에서 독도를 한국의 영토로 표시한 군사작전용으로 발행한 지도는?

① 조선동해안도
② 일본전도
③ 조선국지리도
④ 팔도총도

☆ **정답** ①

 해설 1854년 조선동해안에 대한 러시아 군함의 탐사결과를 바탕으로 러시아 해군이 1857년에 발행한 것을 일본해군성이 1876년에 재발행한 지도인 '조선동해안도'는 울릉도와 독도를 조선의 영토로 명확하게 나타내고 있다.

09 독도를 '조선의 것'이라고 지도에 표시한 일본지도는?

① 삼국접양도
② 조선국지리도
③ 팔도총도
④ 조선동해안도

 정답 ①

> **해설** 일본 실학자 하야시 시헤이가 작성한 삼국접양도에는 울릉도와 독도를 조선과 마찬가지로 황색으로 표시하고 독도를 '조선의 것'이라고 지도에 표시했다.

10 1952년 1월 28일 국무원고시 제14호로 선언한 것과 무관한 것은?

① 평화선
② 이승만 라인
③ 인접해양에 관한 주권선언
④ 항해의 자유 부정

 정답 ④

> **해설** 1952년 1월 28일 국무원고시 제14호로 선언한 "인접해양에 관한 주권선언"에 의해 설정된 경계선을 "평화선", "이승만 라인"이라 한다. 이는 인접해양 내의 항해의 자유를 인정하고 있다(제4항).

11 'SCAPIN 제1033호'와 관계있는 것은?

① 독도의 12해리 이내에 일본선박과 일본국민의 접근금지
② 평화선
③ 죽도도해금지령
④ SCAPIN 제677호

 정답 ①

> **해설** 1946년 6월 22일의 'SCAPIN 제1033호'는 일본선박과 일본국민의 독도 12해리 이내에 접근을 금지하고 있다. 이는 연합국에 의한 한국의 독도영유권의 승인을 의미한다.

12 석도와 가장 관계있는 것은?

① 심흥택 보고서
② 우용정 보고서
③ SCAPIN 제677호
④ 대한제국칙령 제41호

 정답 ④

> **해설** '대한제국칙령 제41호' 제3항은 울릉군의 관할구역의 하나로 '석도'를 규정하고 있다.

13 삼봉도는 어느 때 불려진 독도의 이름인가?

① 고종
② 성종
③ 정조
④ 태조

 정답 ②

> **해설** 독도의 명칭은 태조 때는 우산도, 성종 때는 삼봉도, 정조 때는 가지도, 숙종 때는 자산도, 고종 때는 독도, 석도 로 불렸다.

14 '석도'와 가장 관계있는 것은?

① 고종칙령 제41호
② 심흥택 보고서
③ 가지도
④ 동국여지승람

 정답 ①

> **해설** 1900년 10월 25일 고종칙령 제41호 제2조에 울릉군수는 울릉전도와 죽도, 석도를 관할한다고 규정하고 있다.

15 안용복과 가장 관계있는 것은?

① 심흥택 보고서
② 자산도
③ 고종칙령 제41호
④ 삼국사기

 정답 ②

해설 1693년(숙종 19년)과 1696년(숙종 22년)에 안용복은 일본에 건너가 일본 관헌으로부터 울릉도와 송도(자산도)는 한국의 영토라고 확약을 받았다.

16 다음 연결 중 틀린 것은?

① 삼봉도 - 성종
② 가지도 - 정조
③ 석도 - 태조
④ 자산도 - 숙종(안용복)

 정답 ③

해설 태조 때는 독도가 우산도라 불렸다.

17 리앙끄르암과 관계있는 것은?

① 영국유람선
② 네덜란드 상선
③ 프랑스 포경선
④ 러시아 구축함

 정답 ③

해설 1849년 프랑스 포경선 리앙끄르호가 독도를 발견하고 독도의 이름을 포경선의 이름에 따라 리앙끄르암이라 명명했다.

18 다음 중 연대순으로 나열된 것은?

① 우산도, 가지도, 삼봉도, 석도, 독도
② 우산도, 석도, 삼봉도, 가지도, 독도
③ 삼봉도, 우산도, 가지도, 독도, 석도
④ 우산도, 삼봉도, 가지도, 석도, 독도

☆ 정답 ④

 해설   우산도는 태종시대, 삼봉도는 성종시대, 가지도는 정조시대, 석도는 고종시대, 독도는 고종시대에 각각 불린 독도의 명칭이다.

19 다음은 독도에 공이 있는 인물에 대한 설명이다. 틀린 것은?

① 이사부 – 우산국 정복
② 안용복 – 2차 도일 일본관헌으로부터 울릉도와 독도가 한국의 영토라는 확인
③ 이규헌 – 울릉도 현황보고로 쇄환정책 수립
④ 심흥택 – 일본의 독도침탈의도 조정에 보고

☆ 정답 ③

 해설   검찰사 이규헌의 보고로 고종은 쇄환정책을 폐기하게 된다.

20 다음 설명 중 틀린 것은?

① '삼국접양도'는 울릉도와 독도를 조선과 동일한 황색으로 채색하고 있다.
② '조선동해안도'는 러시아지도를 일본해군성이 재작성한 것으로 울릉도와 독도를 한국의 영토로 표기하고 있다.
③ 『일로전쟁실기』에 수록된 '한국전도'는 독도를 한국의 영토로 표시하고 있다.
④ '팔도총도'는 '조선국지리도'에 수록된 지도로 울릉도와 독도(우산도)를 조선의 영토로 표시하고 있다.

☆ 정답 ④

 해설   '팔도총도'는 '신증동국여지승람'에 수록된 지도로 울릉도와 독도(우산도)를 조선의 영토로 표시하고 있다.

01 독도가 형성된 시기는?

① 460만 년 전
② 250만 년 전
③ 120만 년 전
④ 100만 년 전

 정답 ①

 해설 독도는 460만 년 전에, 울릉도는 250만 년 전에, 그리고 제주도는 120만 년 전에 각각 화산폭발로 형성되었다.

02 일본 선박 및 국민의 독도의 12해리 내에 접근을 금지한 것은?

① SCAPIN 제677호
② SCAPIN 제1033호
③ 대일평화조약
④ 항복문서

 정답 ②

 해설 1946년 6월 22일의 SCAPIN 제1033호는 일본선박 및 일본국민의 독도의 12해리에의 접근을 금지했다(제3항).

03 "일본은 폭력과 탐욕에 의해 취득한 영토로부터 축출되어야 한다"라고 규정한 것은?

① 카이로 선언
② 포츠담 선언
③ 항복문서
④ SCAPIN 제677호

☆ **정답** ①

 카이로 선언에 일본은 폭력(violence)와 탐욕(greed)에 의해 취득한 영토로부터 축출되어야 한다고 규정하고 있다. 독도는 일본이 폭력과 탐욕에 의해 취득한 영토이므로 일본은 독도로부터 축출된다.

04 다음 연결 중 틀린 것은?

① 우산도 - 태종
② 삼봉도 - 성종
③ 가지도 - 정종
④ 석도 - 숙종

☆ **정답** ④

 석도는 "고종칙령 제41호"에 의해 사용된 독도의 이름이다. 숙종 때는 자산도로 불렸다.

05 대일평화조약에 관한 설명 중 틀린 것은?

① 48개 연합국과 일본 간에 체결되었다.
② 한국은 체약 당사국이 아니다.
③ 독도는 한국의 영토라는 명문규정이 있다.
④ 일본이 한국의 독립을 승인한다는 명문규정이 있다.

☆ **정답** ③

 "대일평화조약"에는 독도가 한국의 영토라는 명문규정도 일본의 영토라는 명문규정도 없다. 제2조 (a)항에 일본은 한국의 독립을 승인한다는 명문규정이 있다.

06 "울릉과 우산은 모두 우산국의 땅이다"라고 기록되어 있는 것은?

① 동국문헌비고, 삼국사기
② 증보문헌비고, 고려사
③ 고려사, 삼국사기, 만기요람
④ 만기요람, 증보문헌비고, 동국문헌비고

☆ **정답** ④

 『만기요람』, 『증보문헌비고』, 『동국문헌비고』에는 "울릉과 우산은 우산국의 땅이다"라고 기록되어 있다.

07 『강계고』에 기록되어 있는 것은?

① 우산과 무릉은 하나의 섬이다.
② 우산과 무릉은 우산국이다.
③ 우산과 무릉은 우산국이 아니다.
④ 우산은 우산국이 아니다.

☆ **정답** ②

 신경준이 지은 『강계고』에는 우산과 무릉이 우산국이라고 기록되어 있다.

08 날씨가 맑으면 울릉도에서 독도(우산도)를 바라볼 수 있다고 기록되어 있는 것 중 가장 옳은 것은?

① 삼국사기
② 고려사
③ 세종실록지리지
④ 세종실록지리지, 신증동국여지승람

☆ **정답** ④

 『세종실록』「지리지」와 『신증동국여지승람』에 기록되어 있다.

09 독도가 가질 수 있는 것은?

① 영해
② 접속수역
③ 영해, 접속수역
④ 영해, 접속수역, 배타적 경제수역, 대륙붕

 정답 ④

> **해설** 독도는 "유엔해양법협약" 제121조 제3항에 규정된 암석이 아니므로, 섬으로서 영해, 접속수역, 배타적 경제수역, 대륙붕을 갖는다.

10 "유엔해양법협약" 제121조 제3항에서 규정하고 있는 것은?

① 인간이 거주할 수 없거나 독자적인 경제활동을 할 수 없는 암석은 배타적 경제수역을 갖지 아니한다.
② 인간이 거주할 수 없거나 독자적인 문화활동을 할 수 없는 암석은 배타적 경제수역이나 대륙붕을 가지지 아니한다.
③ 인간이 거주할 수 없거나 독자적인 경제활동을 할 수 없는 암석은 배타적 경제수역이나 대륙붕을 가지지 않는다.
④ 인간이 거주할 수 없거나 협동적인 경제활동을 할 수 없는 암석은 배타적 경제수역이나 대륙붕을 가지지 않는다.

 정답 ③

> **해설** "유엔해양법협약" 제121조 제3항은 "인간이 거주할 수 없거나 독자적인 경제활동을 할 수 없는 암석은 배타적 경제수역이나 대륙붕을 가지지 않는다"라고 규정하고 있다.

11 다음 설명 중 틀린 것은?

① 국제수로기구(IHO)는 『바다와 해양의 경계』라는 책자를 발간한다.
② 1929년의 『바다와 해양의 경계』에는 동해를 일본해로 표기하고 있다.
③ 1937년의 『바다와 해양의 경계』 수정판에는 동해를 일본해로 표기하고 있다.
④ 1953년의 『바다와 해양의 경계』 수정판에는 동해를 일본해/동해로 표기하고 있다.

☆ **정답** ④

 해설 1953년판 『바다와 해양의 경계』에서 동해를 일본해로 표기하고 있다. 대한민국 정부는 1991년 유엔에 가입한 후 1992년 유엔지명표준화 회의에서 동해를 동해/일본해로 표기할 것을 주장하고 있다.

12 다음 설명 중 틀린 것은?

① 독도는 12해리 영해를 갖는다.
② 독도는 200해리 배타적 경제수역을 갖는다.
③ 독도의 200해리 배타적 경제수역은 일본의 200해리 배타적 경제수역과 중첩된다.
④ 한국의 배타적 경제수역과 일본의 배타적 경제수역의 중첩은 울릉도와 오끼섬의 중간 선으로 한일 간에 합의를 보았다.

☆ **정답** ④

 해설 한일 간의 배타적 경제수역의 중첩문제는 아직 해결을 보지 못하고 잠정적으로 "한일어업협정"으로 동해의 중간수역과 남해의 중간수역을 설정하고 있다.

13 평화선에 관한 다음 기술 중 틀린 것은?

① 1952년 1월 18일 선포
② 국무원고시 제14호
③ 인접해양에 관한 주권선언
④ 대일평화조약 체결 후 맥아더 라인 철폐 후 선언

☆ **정답** ④

 해설 "대일평화조약"이 1951년 9월 8일에 체결되어 맥아더 라인이 폐지될 것에 대비하여 맥아더 라인 철폐 전에 선언한 것이다.

14 다음 평화선에 대한 기술 중 틀린 것은?

① 평화선은 한국 측에서 보아 독도의 내측에 설정되었다.
② 평화선을 선언한 대통령 선언의 정식명칭은 "인접해양에 관한 대통령의 주권선언"이다.
③ 확정된 국제선례에 따른 것이다.
④ 국무원고시 제14호로 선언

☆ **정답** ①

 인접해양의 경계선인 평화선은 한국 측에서 보아 독도의 외측에 설정되었다. 그러므로 일본 정부가 평화선 선언에 대해 항의해 옴으로써 한일 간에 독도 영유권문제가 발단되게 되었다.

15 독도에 관한 실효적 지배 법률이 아닌 것은?

① 「문화재보호법」
② 「독도 등 도서지역의 상태보전에 관한 법률」
③ 「독도의 지속 가능한 이용에 관한 법률」
④ 「독도개발에 관한 법률」

☆ **정답** ④

 독도개발에 관한 법률은 제정된 바 없다.

16 독도를 특정도서로 지정한 법률은?

① 「독도 등 도서지역의 생태보전에 관한 법률」
② 「독도의 지속 가능한 이용에 관한 법률」
③ 「문화재보호법」
④ 「도서보호법」

☆ **정답** ①

 독도를 특정도서로 지정한 것은 「독도 등 도서지역의 생태보전에 관한 법률」에 의거한 것이다.

17 다음 중 독도를 천연기념물로 지정한 법률은?

① 「문화재보호법」
② 「천연기념물 보호법」
③ 「독도의 지속 가능한 이용에 관한 법률」
④ 「환경법」

☆ **정답 ①**

 「문화재보호법」 제25조의 규정에 의거하여 천연기념물로 지정되었다.

18 다음 설명 중 틀린 것은?

① 독도는 「문화재보호법」에 의거, 1982년 11월 4일에 천연기념물로 지정되었다.
② 천연기념물 지정번호는 제366호이다.
③ 1999년 12월 1일 지정종별이 '독도천연구역'으로 변경되었다.
④ 현재 천연기념물 독도의 지정종별은 천연기념물이다.

☆ **정답 ③**

 1999년 12월 1일에 지정명칭을 독도천연구역으로 개정한 것이다.
1982년 11월 4일에 천연기념물(지정종별) 제336호(지정번호), 해조류번식지(지정명칭)로 지정되었다.
1999년 12월 1일 지정명칭만을 '독도천연구역'으로 변경했다.

19 일본은 "폭력과 탐욕에 의해 약취한 영토로부터 축출된다"라고 규정한 것은?

① 항복문서
② 카이로 선언
③ 포츠담 선언
④ 대일평화조약

정답 ②

> **해설** "카이로 선언"은 일본이 폭력(violence)과 탐욕(greed)에 의해 약취한 영토로부터 축출된다고 규정하고 있다. 독도는 일본이 폭력과 탐욕에 의해 취득한 영토이므로 일본은 독도로부터 축출된다. 따라서 독도는 한국의 영토이다.

20 다음 연결 중 틀린 것은?

① 은주시청합기 – 일본의 서북쪽 경계는 이주(오끼시마)를 경계로 한다.
② 태정관 지령문 – 죽도 외 1도의 건에 대해서는 일본과 관계없음을 명심할 것
③ 조선국교제시말내탐서 – 송도의 건에 관해서는 지금까지 게재된 서류가 없다.
④ 일본여지로정전도 – 일본영토는 청색으로 울릉도와 독도는 적색으로 착색했다.

 정답 ④

> **해설** 일본여지로정전도는 울릉도와 독도는 착색하지 않았다..

선다형
객관식 문제와 해설

Exercise 연습 **4**

PART 1

01 다음 중 형성순서대로 나열된 것은?

① 제주도, 울릉도, 자산도
② 독도, 울릉도, 제주도
③ 독도, 제주도, 울릉도
④ 제주도, 독도, 울릉도

 정답 ②

해설 독도, 울릉도, 제주도 순으로 형성되었다. 독도는 460만 년 전, 울릉도는 250만 년 전, 그리고 제주도는 120만 년 전에 화산폭발로 각각 형성되었다.

02 'SCAPIN 제677호'에 의해 일본의 통치권으로부터 분리된 도서는?

① 제주도
② 제주도, 울릉도
③ 제주도, 울릉도, 거문도
④ 제주도, 울릉도, 독도

 정답 ④

해설 1946년 1월 29일 연합국최고사령관의 지령인 'SCAPIN 제677호'는 그 제3항에서 제주도, 울릉도, 독도를 일본의 정의에서 배제하는 규정을 두고 있다.

03 다음 중 연대순으로 나열된 것은?

① 우산도, 가지고, 석도, 독도
② 우산도, 삼봉도, 가지도, 독도, 석도
③ 삼봉도, 우산도, 가지도, 석도, 독도
④ 우산도, 삼봉도, 가지도, 석도, 독도

☆ **정답** ④

 해설 우산도는 태종시대, 삼봉도는 성종시대, 가지도는 정조시대, 석도와 독도는 고종시대의 독도의 명칭이다.

04 다음 설명 중 틀린 것은?

① 리앙끄르암 – 프랑스 포경선
② 고종칙령 제41호 – 석도
③ SCAPIN 제677호 – 독도 제외
④ 평화선 – 독도 내측에 설정

☆ **정답** ④

 해설 평화선은 독도 외측에 설정되었다.

05 "대일평화조약"에 관한 기술 중 가장 옳은 것은?

① 독도는 한국의 영토라고 명문규정을 두고 있다.
② 독도는 일본의 영토라고 명문규정을 두고 있다.
③ 독도는 한국의 영토가 아니라고 명문규정을 두고 있다.
④ 독도는 한국의 영토라는 명문규정도 일본의 영토라는 명문규정도 없다.

☆ **정답** ④

 해설 "대일평화조약"에 독도가 한국의 영토라는 명문규정도 일본의 영토라는 명문규정도 없다.

06 "우산과 무릉 두 섬은 우산국이다"라고 기록되어 있는 것은?

① 세종실록지리지
② 고려사
③ 삼국사기
④ 강계고

 정답 ④

> **해설** 신경준이 지은 『강계고』에 "우산과 무능 두 섬은 우산국이다"라고 기록되어 있다.

07 "우산과 무릉은 우산국이다"라고 기록되어 있는 것은?

① 삼국사기
② 고려사
③ 신증동국여지승람
④ 만기요람

 정답 ④

> **해설** 『만기요람』에는 "우산과 무릉은 우산국이다"라고 기록되어 있다.

08 우산과 무릉 두 섬은 서로의 거리가 멀지 아니하여 날씨가 맑으면 바라볼 수 있다고 기록되어 있는 것은?

① 삼국사기
② 고려사
③ 세종실록지리지
④ 팔도지리지

 정답 ③

> **해설** 실찬 『팔도지리지』를 보완한 『세종실록』 「지리지」(1454년)에는 우산과 무릉이 서로 가까워 날씨가 맑으면 바라볼 수 있다고 기술되어 있다.

09 "유엔해양법협약"상 인간이 거주할 수 없거나 독자적인 경제활동을 할 수 없는 암석이 가질 수 없는 것은?

① 영해, 접속수역
② 영해, 배타적 경제수역
③ 영해, 배타적 경제수역, 대륙붕
④ 배타적 경제수역이나 대륙붕

☆ **정답** ④

 해설 "유엔해양법협약"상 인간이 거주할 수 없거나 독자적 경제활동을 할 수 없는 암석은 배타적 경제수역이나 대륙붕을 갖지 않는다고 규정하고 있다. 따라서 암석은 영해와 접속수역을 갖는다.

10 다음 중 틀린 설명은?

① 『해양과 바다의 경계』는 국제연합경제사회이사회에서 발간하는 책자이다.
② 1929년에 발간된 『해양과 바다의 경계』에 동해를 일본해로 표기하고 있다.
③ 1937년의 『해양과 바다의 경계』 수정판에도 동해를 일본해로 표기하고 있다.
④ 1953년의 『해양과 바다의 경계』 수정판에도 동해를 일본해로 표기하고 있다.

☆ **정답** ①

 해설 『해양과 바다의 경계』는 국제수로기구(International Hydrographic Organization: IHO)가 발간한 책자이다. 한국은 1957년에 IHO에 가입했다.

11 다음 중 틀린 설명은?

① 지명표준화회의(UNCSGN)는 통계위원회에서 5년마다 개최되는 국제회의이다.
② 회의에서 지명의 표준화를 다룬다.
③ 우리나라는 1991년 유엔에 가입한 후 1999년에 동 위원회에 가입했다.
④ 동 회의에서 한국은 동해를 동해(East Sea)로 표기할 것을 주장하고 있다.

☆ **정답** ④

 해설 한국은 동 회의에서 동해를 동해/일본해로 병기할 것을 주장하고 있다. 표준화회의는 지명분쟁이 발생할 경우 해결이 이루어질 때까지 지명을 병기하는 것을 권고하고 있다.

12 『바다와 해양의 경계』를 간행하는 곳은?

① 유엔지명표준화회의
② 유엔해양법협약 당사국회의
③ 국제수로기구
④ 한일어업공동위원회

☆ **정답** ③

 『바다와 해양의 경계』는 국제수로기구가 발간하는 책자이다. 1929년판, 1937년 수정판, 1953년 수정판이 동해를 일본해로 표기하고 있다. 1919년에 창설된 '국제수로국'이 1970년의 국제수로기구로 개편되었다. 동 기구는 각국 수로기관 간의 협조와 수로표시의 통일을 기하기 위해 설립된 것으로 5년마다 모나코에서 회의를 갖는다. 한국은 동 기구에 1957년에 가입했다.

13 다음 중 틀린 설명은?

① 1996년 8월 8일 한국의 『배타적 경제수역법』의 제정ㆍ공포로 독도는 200해리 배타적 경제수역을 갖는다.
② 1996년 6월 20일 일본은 『배타적 경제수역 및 대륙붕에 관한 법률』을 제정ㆍ공포하여 200해리 배타적 경제수역을 설정했다.
③ 따라서 한국의 배타적 경제수역과 일본의 배타적 경제수역은 중첩되게 되었다.
④ 이 배타적 경제수역의 중첩은 독도와 오끼섬의 중간선으로 한일 간에 합의를 보았다.

☆ **정답** ④

 한일 간에 배타적 경제수역의 경계획정문제는 아직 합의를 보지 못하고 있다.

14 동해 중간수역에 관한 다음 기술 중 틀린 것은?

① 한일 간에 배타적 경제수역의 중첩문제를 합의 해결할 때까지 잠정적으로 한일 간에 설정된 수역이다.
② 독도의 주위에 설정된 잠정수역이다.
③ "한일어업협정"으로 설정된 수역이다.
④ "한일기본관계조약"으로 설정된 수역이다.

 정답 ④

 해설 중간수역은 "한일어업협정"으로 설정된 잠정수역이다(제9조).

15 평화선에 관한 다음 기술 중 틀린 것은?

① 1952년 1월 18일 선포
② 한국 측에서 보아 독도의 내측에 설정
③ 동 선언은 일본, 영국, 미국으로부터 항의를 받았다.
④ 맥아더 라인 철폐 전에 설정

 정답 ②

 해설 인접해양의 경계선인 '평화선'은 한국 측에서 보아 독도의 외측에 설정되었다. "대일평화조약"이 1951년 9월 8일에 체결되어 그것이 효력을 발생하게 되면 맥아더 라인이 철폐되게 될 것에 대비하여 선언되었다. '평화선'이 독도의 외측에 설치되어 일본이 항의를 제기하여 독도의 영유권 문제가 한일 간에 발단되게 되었다.

16 한일 간에 독도의 영유권 문제가 발단되게 된 것은?

① 맥아더 라인 설정
② 평화선 설정
③ 한일기본관계조약 체결
④ 배타적 경제수역 설정

 정답 ②

 해설 인접해양의 경제선인 평화선이 한국 측에서 보아 독도의 외측에 설정되게 되어 일본이 항의해 옴으로써 한일 간에 독도영유권문제가 발단되게 되었다.

17 독도는 '천연기념물'로 지정되었다. 「문화재보호법」상 천연기념물은 다음 중 어디에 해당하는가?

① 지정번호
② 지정명칭
③ 지정종별
④ 지정구분

 정답 ③

> **해설** 천연기념물은 지정종별이다. 지정명칭은 독도천연보호구역이고, 지정번호는 제336호이다.

18 다음 (　　　)를 완성하시오.

> 울릉도와 독도 간의 거리는 (A)이고, 독도와 오끼섬 간의 거리는 (B)이다.

① A: 87.4km　　　　　B: 157.5km
② A: 87.4km　　　　　B: 88.5km
③ A: 89.0km　　　　　B: 157.5km
④ A: 87.4km　　　　　B: 799km

 정답 ①

> **해설** 울릉도와 독도 간의 거리는 87.4km이고 오끼섬과 독도 간의 거리는 157.5km로 울릉도와 독도 간의 거리가 오끼섬과 독도 간의 거리보다 70여 km 짧다.

19 다음 중 옳은 설명은?

① 유인등대는 동도에, 경찰경비대는 서도에 있다.
② 유인등대는 서도에, 경찰경비대는 동도에 있다.
③ 유인등대는 서도에, 경찰경비대는 서도에 있다.
④ 유인등대는 동도에, 경찰경비대는 동도에 있다.

 해설 유인등대와 경찰경비대는 모두 동도에 있다. 어민숙소(주민숙소)는 서도에 있다.

20 다음 연결 중 틀린 것은?

① 태정관 지령문 – 죽도 외 1도는 일본과 관계없음을 명심할 것
② 은주시청합기 – 일본의 서북쪽 경계는 이주(오끼시마)를 경계로 한다.
③ 조선국교제시말내탐서 – 송도의 건에 관해서는 지금까지 게재된 서류가 없다.
④ 삼국접양도 – 일본영토는 적색으로, 조선영토는 청색으로 착색하고 울릉도와 독도는 청색으로 착색했다.

☆ 정답 ④

 해설 조선영토는 청색으로 착색하고, 울릉도와 독도는 황색으로 착색했다.

01 그 자체로 일본에 대해 법적 구속력이 있는 것은?

① 카이로 선언
② 포츠담 선언
③ 항복문서
④ 카이로 선언, 포츠담 선언

⭐ 정답 ③

 "카이로 선언"과 "포츠담 선언"은 연합국의 일방적인 정책의 선언이므로 이들은 일본에 대해 법적 구속력이 없다. "항복문서"에는 일본이 서명했으므로 이는 일본에 대해 법적 구속력이 있다. "항복문서"는 "포츠담 선언"의 내용을 이행한다는 규정이 있으므로 "항복문서"에 의해 "포츠담 선언"은 일본에 대해 법적 구속력이 있으며, "포츠담 선언"은 "카이로 선언"의 제 조항을 이행한다고 규정하고 있으므로 "카이로 선언"은 일본에 대해 법적 구속력을 갖는다. 이와 같이 "항복문서"를 통해 "포츠담 선언"이 일본에 대해 법적 구속력을 갖게 되었고 따라서 "카이로 선언"도 일본에 대해 법적 구속력을 갖게 되었다.

02 다음 설명 중 틀린 것은?

① 리앙끄르암 – 프랑스 포경선
② 고종칙령 제41호 – 석도
③ SCAPIN 제677호 – 독도 제외
④ 평화선 – 독도 내측에 설정된 인접해양의 경계선

⭐ 정답 ④

 평화선은 독도 외측에 설정되었다.

03 독도의 12해리 이내의 접근을 금지한 것은?

① SCAPIN 제1033호
② SCAPIN 제677호
③ 이승만 라인
④ 인접해양주권선언

☆ **정답** ①

 1948년 6월 22일의 'SCAPIN 제1033호'는 일본선박과 국민의 독도 12해리 이내 접근을 금지했다(제3항).

04 다음 연결 중 직접 관계가 없는 것은?

① 석도 – 고종칙령 제41호
② 독도 – 심흥택 보고서
③ 인접해양주권선언 – 맥아더 라인 설정
④ 태정관 지령 – 외 1도는 일본과 관계없음을 명심

☆ **정답** ③

 인접해양주권선언에 의해 설정된 것은 이승만 라인이다.

05 다음 연결 중 틀린 것은?

① 사마네현 고시 제40호 – 무주지선점
② 한일어업협정 – 중간수역
③ 포츠담 선언 – 폭력과 탐욕
④ 평화선 선언 – 독도의 외측

☆ **정답** ③

 "카이로 선언"에 일본은 폭력과 탐욕에 의해 약취한 영토로부터 축출된다고 규정하고 있다.

06 대일평화조약에 관해 틀린 설명은?

① 48개 연합국과 일본 간에 체결되었다.
② 일본이 한국의 독립을 승인한다는 규정이 있다.
③ "한일합병조약"이 무효라는 명문규정을 두고 있다.
④ 독도가 일본의 영토라는 명문규정이 없다.

 정답 ③

> **해설**　"한일합방조약"이 무효라는 명문규정은 없다.

07 "대일평화조약"상 'SCAPIN 제677호'의 효력에 관해 옳은 것은?

① SCAPIN 제677호의 효력을 부인했다.
② SCAPIN 제677호의 효력을 승인했다.
③ SCAPIN 제677호의 효력을 부인도 승인도 하지 아니했다.
④ SCAPIN 제677호의 효력을 무효화했다.

 정답 ②

> **해설**　"대일평화조약" 제19조 (d)항은 점령군 당국이 실시한 조치의 유효함을 승인하고 있다.

08 '대한제국칙령 제41호'와 관계있는 것은?

① 삼봉도
② 석도
③ 가지도
④ 우산도

 정답 ②

> **해설**　삼봉도는 성종 때, 가지도는 정조 때, 우산도는 태종 때 각각 사용된 독도의 이름이다. '대한제국칙령 제41호' 제2조는 "군청의 위치는 대하동으로 정하고, 구역은 울릉전도와 죽도, 석도를 관할한다"라고 규정하고 있다.

09 'SCAPIN 제677호'에 일본의 통치로부터 제외된다고 규정을 둔 것은?

① 독도, 울릉도
② 제주도
③ 울릉도
④ 제주도, 울릉도, 독도

☆ **정답** ④

 'SCAPIN 제677호'에 일본의 통치로부터 제외된다는 규정을 둔 것은 제주도, 울릉전도, 독도이다(제3항).

10 '한국전도'는 어디에 수록되어 있나?

① 『일로전쟁실기』
② 조선동해안도
③ 『동국여지승람』
④ 조선여지도

☆ **정답** ①

 '한국전도'는 『일로전쟁실기』에 수록된 지도로, 이에 독도가 한국의 땅임을 표시하고 있다.

11 울릉도와 독도 사이에 있는 해산의 이름은?

① 이사부 해산
② 심흥택 해산
③ 안용복 해산
④ 이규원 해산

☆ **정답** ③

 울릉도와 독도 사이에 안용복 해산이 있고, 독도 서남쪽에 심흥택 해산, 독도 동쪽에 이사부 해산이 있다.

12 "무릉과 우산은 모두 우산국의 땅이다"라고 기록되어 있는 것은?

① 『고려사』
② 『삼국사기』
③ 『증보문헌비고』
④ 심흥택 보고서

 정답 ③

해설 『증보문헌비고』에는 "무릉과 우산은 모두 우산국의 땅이다"라고 기록되어 잇다.

13 다음 연결 중 잘못된 것은?

① 심흥택 보고서 – 독도
② 대한제국칙령 제41호 – 석도
③ 이규원 – 울릉도 검찰보고
④ 고종 – 쇄환정책 수립

 정답 ④

해설 고종은 이규원 검찰사의 보고에 따라 쇄환정책을 폐지했다.

14 독도 명칭의 최초 사용과 관계있는 사람은?

① 이사부
② 안용복
③ 심흥택
④ 이규원

 정답 ③

해설 1906년 3월 28일 은기도사의 독도 편입 통지를 받은 울릉군수 심흥택은 3월 29일 일본의 독도침탈 시도를 조정에 보고하면서(심흥택 보고서) '독도'라는 명칭을 최초로 사용했다.

15 "울릉도와 독도가 일본과는 관계가 없음을 명심할 것"이라고 기록되어 있는 것은?

① 은주시청합기
② 태정관지령문
③ 조선국교제시말내탐서
④ 안용복 심문서

 정답 ②

해설 1877년 태정관지령은 내무성의 공문에 대해 "울릉도와 독도는 일본과 관계없음을 명심할 것"이라고 지시되어 있다.

16 "우산, 무릉 두 섬이 서로 거리가 멀지 아니하여 날씨가 맑으면 가히 바라볼 수 있다"라고 기록되어 있는 것은?

① 심흥택 보고서
②『고려사』
③『세종실록지리지』
④『삼국사기』

 정답 ③

해설 『세종실록』「지리지」에는 "우산, 무릉 두 섬이 거리가 멀지 아니하여 날씨가 맑으면 가히 서로 바라볼 수 있다"라고 기록되어 있다.

17 다음 (　　)를 완성하시오.

이사부의 우산국 정복은 (A)년에 있었고, '대한제국칙령 제41호'의 제정 · 공포는 (B)년에 있었다.

① A: 552　　　　　　　B: 1900
② A: 522　　　　　　　B: 1910
③ A: 513　　　　　　　B: 1905
④ A: 512　　　　　　　B: 1900

정답 ④

> **해설** 이사부의 우산국 정복은 512년에 있었고, '대한제국칙령 제41호'의 제정 · 공포는 1900년 10월 25일에 있었다.

18 다음 (   )를 완성하시오.

> 대한제국칙령 제41호의 제정 · 공포일은 (A)이고, 시마네현 고시 제40호의 고시일은 (B)
> 이다.

① A: 1900년 10월 25일   B: 1900년 2월 20일
② A: 1900년 10월 25일   B: 1905년 2월 22일
③ A: 1905년 10월 25일   B: 1900년 2월 2일
④ A: 1900년 9월 25일   B: 1905년 2월 12일

 정답 ②

> **해설** 대한제국칙령 제41호의 제정 · 공포일은 1900년 10월 25일이고 시마네현 고시 제40호의 고시일은 1905년 2
> 월 22일이다. 전자가 후자보다 5년이나 앞선 것이다.

19 다음 중 연대순으로 열거된 것은?

> A. 이사부 우산국 정복   B. 안용복 도일활동
> C. 유용정 검찰보고   D. 심흥택 보고
> E. 고종칙령 제41호

① A, B, C, D, E
② A, B, D, C, E
③ A, B, E, C, D
④ A, B, C, E, D

 정답 ④

> **해설** 이들의 연대순서는 다음과 같다.
> 1. 이사부 우산국 정복 – 512년 6월
> 2. 안용복 도일활동 – 1693년 3월
> 3. 우용정 검찰보고 – 1900년 6월
> 4. 고종칙령 제41호 – 1900년 10월
> 5. 심흥택 보고서 – 1906년 3월

20 대한제국칙령 제41호의 제정 · 공포일은?

① 1905년 10월 25일

② 1900년 10월 25일

③ 1903년 10월 25일

④ 1900년 9월 20일

 정답 ②

 '대한제국칙령 제41호'의 제정 · 공포일은 1900년 10월 25일이다.

01 다음 연결 중 틀린 것은?

① 폭력과 탐욕 – 카이로 선언
② 천연기념물 – 지정명칭
③ 자산도 – 『숙종실록』
④ 한일어업협정 – 중간수역

☆ 정답 ②

 천연기념물은 '지정종별'이고, 지정명칭이 아니다. 지정명칭은 독도천연보호구역이다. 자산도는 『숙종실록』 숙종 22년 9월 무인조이다. 천연기념물은 지정종별이고 지정번호는 제336호이다.

02 'SCAPIN 제677호'상 독도의 표기는?

① Dokdo
② Dock – Do
③ Liancourt RK(TAKE)
④ Dockdo Islands

☆ 정답 ③

 'SCAPIN 제677호' 제3항은 독도를 Liancourt RK(TAKE)로 규정하고 있으며 동 지령에 첨부된 지도에는 TAKE로 표기되어 있다.

03 다음 ( )를 메꾸시오.

독도에서 울릉도까지의 거리는 (A)km이고, 독도에서 오끼섬까지의 거리는 (B)km이다.

① A: 87.4   B: 157.5
② A: 88.4   B: 127.5
③ A: 87.4   B: 127.5
④ A: 80.5   B: 157.5

 정답 ①

> **해설**   독도에서 울릉도까지의 거리는 87.4km이고, 독도에서 오끼섬까지의 거리는 157.5km이다. 전자가 후자보다
> 70.1km 더 가깝다.

04 다음 중 순서대로 열거된 것은?

① 우산도, 삼봉도, 자산도, 독도, 석도
② 우산도, 삼봉도, 자산도, 석도, 독도
③ 우산도, 삼봉도, 자산도, 가지도, 석도, 독도
④ 삼봉도, 우산도, 가지도, 석도, 독도

 정답 ②

> **해설**   우산도는 태종 때, 삼봉도는 성종 때, 자산도는 숙종 때, 가지도는 정조 때, 그리고 석도는 고종 때, 독도도 고종
> 때 각각 사용된 독도의 명칭이다.

05 대한민국의 동단은 독도의 동도의 동단이며 독도의 동단의 경도는?

① 동경 131°52″22″
② 동경 130°52′22″
③ 동경 132°51′22″
④ 동경 133°52′22″

 정답 ①

> **해설**   동도의 동단은 131°52″22″이다.

06 독도의 주소와 우편번호는?

① 주소는 '경상북도 울릉군 울릉읍 도동 1~36번지'이고, 우편번호는 '799 – 800'이다.
② 주소는 '경상북도 울릉군 울릉읍 독도리 1~96번지'이고, 우편번호는 '799 – 805'이다.
③ 주소는 '경상북도 울릉군 독도읍 독도리 1~96번지'이고, 우편번호는 '799 – 805'이다.
④ 주소는 '강원도 동해시 독도리 1~96번지'이고, 우편번호는 '799 – 805'이다.

 정답 ②

해설 독도의 주소는 '경상북도 울릉군 울릉읍 독도리 1~96번지'이고, 우편번호는 '799 – 805'이다.

07 다음 연결 중 무관한 것은?

① SCAPIN 제677호 – 일본통치권에서 독도 배제
② 한일어업협정 – 동해 중간수역
③ 이승만 라인 – 국무원고시 제14호
④ SCAPIN 제1033호 – 독도 60해리 접근금지

 정답 ④

해설 SCAPIN 제1033호는 일본 선박과 인원의 독도 12해리 이내에의 접근을 금지하고 있다.

08 평화선에 관한 다음 기술 중 틀린 것은?

① 인접해양에 대한 주권선언
② 1952년 1월 12일 국무원고시 제14호
③ 독도의 내측에 설정된 인접해양의 경계선
④ 이승만 라인

 정답 ③

해설 평화선은 한국 측에서 보아 독도의 외측에 설정되었다.

09 유엔해양법상 중첩 배타적 경제수역의 해결은 다음 중 어떤 해결을 하여야 하나?

① 합리적 해결
② 정당한 해결
③ 형평한 해결
④ 합법적 해결

☆ **정답** ③

 동 협약 제77조는 합의에 의한 형평한 해결(egu: table solution)을 하여야 한다고 규정하고 있다.

10 다음 연결 중 틀린 것은?

① 태정관 지령문 – 죽도 외 1도의 건에 대해서는 일본과 관계없음을 명심할 것
② 은주시청합기 – 일본의 서북쪽 경계는 이주(오끼시마)를 경계로 한다.
③ 조선국교제시말내탐서 – 송도의 건에 관해서는 지금까지 게재된 서류가 없다.
④ 삼국접양도 – 일본영토는 적색으로, 조선영토는 청색으로 착색하고 울릉도와 독도를 청색으로 착색했다.

☆ **정답** ④

 조선영토는 황색으로 착색하고 울릉도와 독도를 황색으로 착색했다.

11 "울릉도와 우산도가 모두 우산국의 땅이다"라고 기록되어 있는 것은?

①『만기요람』
②『동문비고』
③『삼국사기』
④『고려사』

☆ **정답** ①

 『만기요람』 군정 편에 울릉도와 우산도는 우산국의 영토라고 기록되어 있다.

12 다음 연결 중 틀린 것은?

① 대한제국칙령 제41호 – 석도
② 심흥택 보고서 – 독도
③ 숙종실록 – 자산도
④ SCAPIN 제677호 – Dokdo

 정답 ④

해설 SCAPIN 제677호 제3항에는 Liancourt RK(TAKE)으로 규정되어 있다.

13 '시마네현 고시 제40호'에 독도의 명칭은 무엇이라고 규정되어 있나?

① 마쓰시마
② 다케시마
③ 리앙끄르암
④ 석도

 정답 ②

해설 시마네현 고시 제40호에는 다케시마로 규정되어 있다.

14 독도와 관련한 다음 연결 중 관계없는 것은?

① 1~96 – 독도리 번지
② 366 – 천연기념물 지정번호
③ 460 – 460만 년 전 형성
④ 799 – 805 – 우편번호

 정답 ②

해설 독도는 천연기념물 지정번호 제336호로 지정되었다. 1~96은 독도리의 번지수이고, 460은 460만 년 전에 독도가 형성된 것이고, 799 – 805는 독도의 우편번호이다.

15 독도와 관련하여 70.1km는 무엇을 의미하는가?

① 울릉도와 독도 간의 거리와 오끼도와 독도 간의 거리 차이
② 오끼도와 독도 간의 거리
③ 동도의 둘레
④ ②와 ③의 차이

☆ **정답** ①

 독도에서 울릉도까지의 거리(87.4km)와 독도에서 오끼섬까지의 거리(157.5km)의 차이이다.

16 "폭력과 탐욕에 의해 취득한 영토"와 관계있는 것은?

① 카이로 선언
② 포츠담 선언
③ SCAPIN 제677호
④ 항복문서

☆ **정답** ①

 "카이로 선언"은 일본은 폭력(violence)과 탐욕(greed)에 의해 취득한 영토로부터 축출된다고 규정하고 있다.

17 독도에 최초로 주민등록한 사람은?

① 1981년 10월 14일 최종덕
② 1981년 10월 1일 조준기
③ 1987년 11월 2일 송재욱
④ 1981년 10월 14일 송재욱

☆ **정답** ①

 독도에 최초로 주민등록을 한 사람은 1981년 10월 14일 최종덕 씨이며, 독도에 최초로 호적을 옮긴 사람은 1987년 11월 2일 송재목 씨이다.

18 SCAPIN은?

① Supreme Command of the Army Powers
② Supreme Commander for the Allied Powers Instruction
③ Super Command of Air Powers Inspection
④ Supreme Command of the All Post

☆ **정답** ②

 해설   연합군 최고사령부 지령이다.

19 'SCAPIN 제677호'에 의해 일본의 통치로부터 분리된 것은?

① 독도
② 울릉도
③ 제주도, 거제도, 독도
④ 울릉도, 독도, 제주도

☆ **정답** ④

 해설   'SCAPIN 제677호'에 의해 일본의 통치로부터 배제된 것은 울릉도, 독도 및 제주도이다.

20 다음 설명 중 틀린 것은?

① 독도는 12해리의 영해를 갖는다.
② 대한민국의 영토의 동단은 동도의 동단이며, 이는 경도 동경 131°52′22″이다.
③ 한일 간의 배타적 경제수역의 경계는 독도와 오끼섬의 중간선울릉도의 중간선의 중간선으로 한일 간에 합의를 보았다.
④ 성종 때는 독도를 삼봉도라고 불렀다.

☆ **정답** ③

 해설   한일 간에 중첩된 배타적 경제수역의 경계에 관해 아직 한일 간에 합의를 보지 못하고 있다.

01 다음 ( )를 완성하시오.

일본은 (A)에 시마네현 고시 (B)를 고시하여 (C)인 독도를 (D)취득했다고 주장했다.

	A	B	C	D
①	1900년 2월 22일	제40호	무인	발견
②	1905년 2월 22일	제40호	무주지	선점
③	1900년 10월 25일	제30호	유인	시효
④	1900년 10월 25일	제40호	유인	역사적 응고

 정답 ②

해설 일본은 1905년 2월 22일 시마네현 고시 제40호로 무주지인 독도를 선점취득했다고 주장했다.

02 다음 기술 중 틀린 것은?

① 한일어업협정은 한일 양국의 어업수역에 적용된다.
② 한일어업협정은 동해 중간수역을 설정했다.
③ 독도는 동해 중간수역 내에 위치하고 있다.
④ 한일 간에 배타적 경제수역의 경계가 획정되게 되면 중간수역은 소멸되게 된다.

 정답 ①

해설 "한일어업협정"은 한일 양국의 배타적 경제수역에 적용된다.

03 다음 기술 중 틀린 것은?

① 중간수역에는 기국주의가 적용된다.
② 중간수역 내의 일본 어선과 국민에 대해 한국은 관할권이 없다.
③ 한국은 중간수역 내의 일본어선이 한국의 법령을 위반해도 이에 대해 관할권이 없다.
④ 일본은 중간수역 내의 일본 선박과 인원에 대해서만 관할권을 가지지 아니한다.

☆ **정답** ④

 기국주의에 따라 일본은 일본 선박과 국민에 대해서만 관할권을 갖는다.

04 한일어업협정이 적용되지 아니하는 해역은?

① 독도의 배타적 경제수역
② 오끼섬의 배타적 경제수역
③ 울릉도의 배타적 경제수역
④ 독도의 영해

☆ **정답** ④

 "한일어업협정"은 한일 양국의 배타적 경제수역에 적용된다. 영해와 접속수역에는 적용되지 아니한다(제1조).

05 대한제국칙령 제40호상 울릉군수의 관할은?

① 울릉전도, 죽도, 석도
② 울릉도, 석도
③ 울릉전도, 석도
④ 울릉도, 죽도

☆ **정답** ①

 '대한제국칙령 제40호' 제2조는 울릉군수의 관할로 '울릉전도, 죽도, 석도'를 규정하고 있다.

06 독도는 다음 중 어떤 도서로 지정되었나?

① 특수도서
② 특종도서
③ 특정도서
④ 특근도서

 정답 ③

> **해설** 2000년 9월 환경부는 「독도 등 특정도서의 생태계보호에 관한 특별법」에 의거, 환경부고시로 독도를 '특정도서'로 지정하여 독도의 자연환경과 생태계의 보전을 위해 힘쓰고 있다.

07 "원록9 병자년(숙종 22년, 1696년) 조선주착안일권지각서" 강원도에 기록된 것은?

① 이도(강원도) 중 죽도와 송도가 있다.
② 이도(경상북도) 중 죽도와 울도가 있다.
③ 이도(강원도) 중 우산도와 송도가 있다.
④ 이도(강원도) 중 울도와 죽도가 있다.

 정답 ①

> **해설** "원록9 병자년 조선주착안일권지각서"는 일본관헌이 안용복을 심문하면서 안용복이 가져간 '조선팔도지도'를 보고 옮겨 적은 부분이다. 이에는 강원도 밑에 "此道中 竹島 松島有"라고 기록되어 있다.

08 죽도지서부(竹島之書附)는 다음 무엇에 관한 문서인가?

① 죽도의 수산물
② 죽도의 거리
③ 죽도의 기후
④ 죽도의 조류

 정답 ②

> **해설** "죽도지서부"는 1696년 1월 25일 독도지번이 막부에 제출한 오끼시마와 마쓰시마(독도)까지, 마쓰시마(독도)에서 다케시마(울릉도)까지의 거리를 조사한 보고문서이다.

09 유엔지명표준화위원회에서 동해의 표기에 관해 한국 정부의 공식 주장은?

① 한국해
② 동해
③ 한국해/일본해
④ 동해/일본해

☆ **정답** ④

 해설 유엔지명표준화위원회에서 한국 정부는 동해를 '동해/일본해'로 표기할 것을 제의했다.

10 다음 (   )를 완성하시오.

2008년 8월 4일 정부 각 부처 간의 독도문제 협의를 위해 국무총리 산하에 (A)로 (B)를 설치했다.

① A: 대통령령 제517호   B: 정부합동 독도연구 관리 대책단
② A: 국무총리령 제517호   B: 합리적 독도 관리 협력 위원회
③ A: 국무총리훈령 제517호   B: 정부합동 독도 영토 관리 대책단
④ A: 국무총리훈령 제417호   B: 독도문제 협의조정 위원회

☆ **정답** ③

 해설 2008년 8월 4일 국무총리 훈령 제517호로 '정부합동 독도 영토관리 대책단'이 설치 운영되고 있다.

11 '아국총도'에 동해, 울릉도, 독도를 어떻게 표기하고 있나?

① 동해, 울릉도, 우산도
② 조선해, 우산도, 울릉도
③ 동해, 우산, 울중
④ 동해, 우산, 울릉도

☆ **정답** ①

 해설 『여지도』에 수록된 '아국총도'에 동해, 울릉도, 우산도로 표기되어 있다.

12 "해양과 바다의 경계"는 무엇을 가리키는가?

① 유엔해양법협약 당사국회의 분과위원회의 명칭
② 한일어업협정에 의해 설치된 한일어업공동위원회의 명칭
③ 유엔사령부가 한국전쟁 간에 설치한 북한과의 해양경계의 명칭
④ 국제수호기구(IHO)가 발간한 책자의 명칭

☆ 정답 ④

 『해양과 바다의 경계』는 국제수로기구가 발간하는 책자로, 1929년판, 1937년판, 1953년판 모두에 동해를 일본해(Japan Sea)로 표기하고 있다.

13 다음 ( )를 메꾸시오.

(A)의 (B)는 일본의 선박 및 국민의 독도주변 (C) 이내에의 접근을 금지했다.

	A	B	C
①	1945.8.15.	SCAPIN 제677호	12해리
②	1945.9.12.	SCAPIN 제677-1호	24해리
③	1946.6.22.	SCAPIN 제1033호	12해리
④	1946.1.29.	SCAPIN 제1033호	12해리

☆ 정답 ③

 1946년 6월 22일의 'SCAPIN 제1033호'는 일본선박 및 국민의 독도 주변 12해리 이내에 접근을 금지했다(제3항).

14 정상기가 그린 지도의 이름은?

① 동국지도
② 팔도지도
③ 조선전도
④ 아국총도

☆ 정답 ①

 영조시대 정상기가 그린 '동국지도'에서 우산도(독도)는 울릉도의 우측에 그려져 있다.

15 다음 설명 중 틀린 것은?

① 독도등대는 동도에 있다.
② 독립문바위는 동도에 있다.
③ 동도와 서도 간에 폭 110~160m, 길이 330m의 물길이 있다.
④ 독도에서 가장 높은 곳은 동도 정상부로 해발 168.5m이다.

 정답 ④

> **해설**　독도에서 가장 높은 곳은 서도의 정상부로 168.5m이다.

16 다음 설명 중 틀린 것은?

① 독도의 주소는 경상북도 울릉군 울릉읍 독도리 1~96번지이다.
② 독도의 우편번호는 799－805이다.
③ 독립문바위는 서도에 있다.
④ 대한민국의 동단은 동도의 동단으로 위도 동경 131°51′22″이다.

 정답 ③

> **해설**　독립문바위, 얼굴바위, 물오리바위, 탱크바위, 부채바위, 동키바위 등은 동도에 있다. 미역바위, 김바위, 권총바위, 지네바위, 촛대바위, 삼형제굴바위 등은 서도에 있다.

17 다음 (　　　)를 완성하시오.

> 증보문헌비고에는 (A)과 (B)은 모두 (C)의 땅이라고 기록되어 있다.

	A	B	C
①	울릉	가지	우산국
②	울릉	우산	우산국
③	울릉	가산	우산국
④	울릉	무릉	우산국

 정답 ②

> **해설**　『증보문헌비고』에는 울릉과 우산은 모두 우산국의 땅이라고 기록되어 있다.

18 다음 기술 중 틀린 것은?

① 한국이 200해리 배타적 경제수역을 설정하고, 일본도 200해리 배타적 경제수역을 설정하여 한일 양국의 배타적 경제수역이 중첩하는 수역이 생기게 되었다.
② 중첩 배타적 경제수역의 경계획정에 양국의 주장이 일치하지 아니하여 이 문제를 해결할 때까지 "한일어업협정"을 체결했다.
③ "한일어업협정"은 독도 주위에 동해 중간수역을 설정하고 중간수역은 양국이 공동으로 관할하도록 규정하고 있다.
④ 중간수역 내에서는 양국의 기국주의가 적용되며, 기국주의의 결과 양국은 중간수역 내에서 상대방 국가의 선박과 국민에 대해 관할권을 행사할 수 있게 되었다.

☆ **정답** ④

 해설 양국은 각기 자국의 선박과 국민에 대해서만 관할권을 행사할 수 있게 되어 있다.

19 다음 (   )를 완성하시오.

한일 양국은 배타적 경제수역의 경계획정에 관해 어떠한 기본입장을 견지하고 있나?
한국은 (A)의 중간선을, 일본은 (B)의 중간선을 각각 주장한다.

① A: 독도와 오끼섬   B: 오끼섬과 울릉도
② A: 독도와 울릉도   B: 오끼섬과 울릉도
③ A: 독도와 오끼섬   B: 독도와 울릉도
④ A: 독도와 울릉도   B: 오끼섬과 울릉도

☆ **정답** ③

 해설 한국은 독도와 오끼섬의 중간선, 일본은 독도와 울릉도의 중간선을 각각 주장한다.

20 독도와 울릉도가 본토와 같이 채색되지 아니한 지도는?

　　① 개정 일본여지로정전도
　　② 삼국접양도
　　③ 팔도총도
　　④ 아국총도

☆ **정답** ①

 개정 '일본여지로정전도'에는 울릉도와 독도를 본토와 같이 채색하지 않았다.

01 독도에서 음료수를 얻을 수 있는 곳은?

① 서도의 남쪽
② 서도의 북쪽
③ 동도의 남쪽
④ 동도의 북쪽

☆ **정답** ②

 해설 서도의 북쪽에 물골이 있어서 음료수를 얻을 수 있다.

02 2000년 9월 5일 환경부는 환경부고시로 독도를 '특정도서 제1호'로 지정했다. 그 법적 근거는?

①「문화재보호법」
②「독도 등 도서지역의 생태계보전에 관한 특별법」
③「독도의 지속 가능한 이용에 관한 법률」
④ 국무총리훈령 제517호

☆ **정답** ②

 해설 환경부가 독도를 '특정도서'로 지정한 법적 근거는「독도 등 도서지역의 생태계보전에 관한 특별법」이다.

03 다음 (   )를 완성하시오.

유엔해양법협약 제121조 제3항은 "인간이 (A)할 수 없거나 (B)을 유지할 수 없는 (C)은/는 (D)나 (E)을 가지지 아니한다"라고 규정하고 있다.

	A	B	C	D	E
①	생활	독자적 문화활동	암석	영해	접속수역
②	상륙	독자적 인간활동	소도	영해	접속수역
③	거주	독자적 경제활동	암석	배타적 경제수역	대륙붕
④	거주	독자적 거래활동	소도	배타적 경제수역	대륙

☆ **정답** ③

 2008년 8월 4일 국무총리 훈령 제517호로 '정부합동 독도 영토관리 대책단'이 설치 운영되고 있다.

04 다음 연결 중 틀린 것은?

① 은주시청합기 – "따라서 일본의 서북쪽 경계는 이주(오끼시마)를 경계로 한다."
② 조선국교제시말내탐서 – "송도의 건에 관해서는 지금까지 게재된 서류가 없다."
③ 태정관 지령문 – "죽도 외 1도 외 건에 관해서는 일본은 관계가 없다는 것을 명심할 것"
④ 일본여지로정전도 – 울릉도를 죽도로, 독도를 송도로 각각 표기하고 울릉도와 독도는 한국본토와 같이 황색으로 착색

☆ **정답** ④

 일본여지로정전도에 한글본토와 같이 울릉도와 독도는 착색하지 아니했다.

05 1982년 11월 4일 독도는 천연기념물로 지정되었다. 이 '천연기념물'은?

① 지정종별
② 지정번호
③ 지정명칭
④ 지정구별

☆ **정답** ①

 해설 천연기념물: 지정종별
제336호: 지정번호
독도천연보호구역: 지정명칭

06 독도에 최초 주민등록한 사람은?

① 조준기
② 최종덕
③ 김성도
④ 송재욱

☆ **정답** ②

 해설 1981년 10월 14일 독도에 주민등록을 한 사람은 최종덕 씨이다.

07 "대일평화조약" 제2조 (a)항에 일본의 포기대상으로 명시된 섬은?

① 제주도, 울릉도
② 제주도, 거문도, 울릉도
③ 제주도, 울릉도, 독도
④ 제주도, 거제도, 거문도, 이여도

☆ **정답** ②

 해설 "대일평화조약" 제2조 (a)항에 규정된 일본의 포기대상인 섬은 제주도, 거문도, 울릉도이다.

08 일본이 한국의 독립을 승인한 것은?

① 항복문서
② 포츠담 선언
③ 대일평화조약
④ 카이로 선언

 정답 ③

> **해설** "대일평화조약" 제2조 (a)항은 "일본은 한국의 독립을 승인하고……"라 규정하고 있다.

09 독도등대의 광원거리는?

① 20해리
② 25해리
③ 30해리
④ 50해리

 정답 ②

> **해설** 동도에 위치한 유인등대의 광원거리는 25해리이다.

10 'SCAPIN 제677호'에 독도의 표기는?

① Liancourt RK(TAKE)
② Dokdo
③ Takeshima
④ Take Island

 정답 ①

> **해설** 'SCAPIN 제677호' 제3항에 독도가 'Liancourt RK(TAKE)'로 표기하고 있다.

11 우리 「헌법」상 모든 국민의 독도에 대한 의무는?

① 독도방위
② 독도수호
③ 독도보전
④ 독도보호

 정답 ①

> **해설** 「헌법」 제39조 제1항은 "모든 국민은 법률이 정하는 바에 의하여 국토방위의 의무를 진다"라고 규정하고 있다. 독도는 우리의 국토이므로 모든 국민은 독도방위의 의무가 있다.

12 다음 설명 중 틀린 것은?

① 영토주권의 현시(display of territorial sovereignty)를 실효적 지배(effective control)라고 한다.
② 실효적 지배는 물리력의 행사에 한하지 아니한다. 따라서 법령의 재정·공포, 납세고지, 어업허가 등도 실효적 지배이다.
③ 실효적 지배는 '점유에 의한 실효적 지배'와 '비점유에 의한 실효적 지배'로 구분된다. 독도에 경찰경비대의 주둔은 전자의 예이고 우표의 발행은 후자의 예이다.
④ 독도를 천연문화재로 지정하는 행위는 실효적 지배가 아니다.

 정답 ④

> **해설** 독도를 천연기념물로 지정하는 행위는 '비점유에 의한 실효적 지배'이고, '비물리적인 행사'에 의한 실효적 지배이다. 천연기념물의 지정 등 법령의 적용도 실효적 지배이다.

13 다음 설명 중 틀린 것은?

① 실효적 지배는 이해관계국의 묵인이 있음을 요한다.
② 실효적 지배는 '권원의 대체', '권원의 취득' 그리고 '권원의 유지'를 위해서 요구된다.
③ 독도는 한국의 영토이므로 독도에 대한 실효적 지배는 권원의 유지를 위해서 요구된다.
④ 역사적 응고취득을 위한 실효적 지배는 권원의 대체를 위한 실효적 지배이다.

 정답 ④

> **해설** 역사적 응고취득을 위한 실효적 지배는 '권원의 취득'을 위한 실효적 지배이다.

14 다음 (   )를 완성하시오.

독일인 크라프로트(Klaproth)가 그린 (A)에는 울릉도와 독도가 조선본토와 같은 (B)색으로 착색되어 있다.

① A: 삼국접양도　　　　B: 청
② A: 삼국전도　　　　　B: 황
③ A: 삼국통합도　　　　B: 황
④ A: 조선전도　　　　　B: 청

☆ **정답** ③

 독일인 크라프로트가 그린 '삼국통합도'에는 울릉도와 독도를 조선본토와 같이 황색으로 채색하였다.

15 동해 중간수역에 관해 다음 중 옳은 것은?

① 중간수역은 공해 상에 설치되었다.
② 중간수역은 독도의 영해만을 내포하고 있다.
③ 중간수역은 독도가 한국의 영토가 아닌 것을 전제로 한 것이다.
④ 중간수역은 울릉도와 오끼섬 간에 설치되었다.

☆ **정답** ④

 ① 중간수역은 한국과 일본의 배타적 경제수역에 설정된 것이며, 공해에 설치된 것이 아니다.
② 독도의 배타적 경제수역만을 내포하고 영해와 접속수역은 포함하고 있지 아니한다.
③ 중간수역은 독도가 한국의 영토이든 일본의 영토이든 이를 유보하고 설치된 것이다.

16 한국이 독도의 배타적 경제수역에 대해 갖는 권리는?

① 주권
② 주권적 권리
③ 비주권적 권리
④ 배타적 주권

 정답 ②

> **해설** 연안국은 영해와 내해에 대해 '주권(sovereignty)'을 가지나 배타적 경제수역에 '주권적 권리(sovereign rights)'를 갖는다. 따라서 한국은 독도의 배타적 경제수역에 대해 '주권'이 아니라 '주권적 권리'를 갖는다.

17 '울릉자산양도감세장(鬱陵子山兩島監稅將)'은?

① 세종 20년에 남회와 조민에게 수여한 관직
② 태종이 김인우에 부여한 울릉도 검찰관직
③ 고려 인종이 이양실에게 부여한 관직
④ 안용복이 제2차 도일 시 들고 간 기에 새겨진 것이다.

 정답 ④

> **해설** '울릉자산양도감세장'은 안용복이 제2차 도일 시 들고 간 기에 새겨진 것이다.

18 고려 현종은 현종 9년(1018년) 11월에 누구를 울릉도에 파견하여 농구(農具)를 지원했나?

① 이원구
② 백길
③ 이양익
④ 토두

 정답 ①

> **해설** 현종은 울릉도에 '이원구'를 파견하여 농구를 지원해 주었다.

19 다음 설명 중 틀린 것은?

① 독도는 460만 년 전에 화산폭발로 형성되었다.
② 독도의 해저지형은 해수면 아래 높이 2,000m 하부지름 20~25km의 봉우리 형태로 솟아 있다.
③ 울릉도와 독도 사이에 안용복 해산이 있다.
④ 심흥택 해산은 제3독도 해산이라 한다.

⭐ **정답** ④

 심흥택 해산은 제2독도 해산이라 한다. 독도에서 동남쪽으로 15km 떨어진 곳에 심흥택 해산(제2독도 해산)이 있고 55km 떨어진 곳에 이사부 해산(제3독도 해산)이 있다.

20 광개토왕릉비의 비문에 동해의 표기는?

① 고구려 동해
② 고구려해
③ 동해
④ 고구려 일본해

⭐ **정답** ③

 광개토왕릉비의 비문에 '동해'로 표기되어 있다.

01 독도의 영문표기는?

① Dokdo
② Dokdo Island
③ Dok－Do
④ Dok－To

☆ **정답** ①

 1951년 7월 19일 양유찬 주미한국대사가 미국무성에 보낸 공한에는 Dokdo로 표기되어 있다. 그 이후 한국의
공식공문에는 모두 Dokdo로 표기되어 있다.

02 다음 중 독도를 울릉도의 서쪽에 표기한 지도는?

① 동국지도
② 여지도
③ 동국전도
④ 팔도총도

☆ **정답** ④

 천하대총일람도와 팔도총도는 독도를 울릉도의 서쪽에 표기한 지도이다. 동국지도, 여지도, 동국전도, 조선전
도, 청구도 등은 독도를 울릉도의 동쪽에 표기한 지도이다.

03 다음 (   )를 완성하시오.

독도와 울릉도 간의 거리는 (A)km이고 독도와 오끼섬 간의 거리는 (B)km이다.

① A: 80   B: 100
② A: 87.4   B: 157.5
③ A: 78.4   B: 127.5
④ A: 87.4   B: 157.5

☆ 정답 ②

 독도와 울릉도 간의 거리는 87.4km이고 독도와 오끼도 간의 거리는 157.5km이다.

04 다음 (   )를 완성하시오.

독도와 울릉도는 (A)로 연결되어 있고 (B)로 구성되어 있다.

① A: 해산   B: 조연암
② A: 화산   B: 회강암
③ A: 해산   B: 석회암
④ A: 해산   B: 화산암

☆ 정답 ①

 울릉도와 독도는 해산으로 연결되어 있고 조연암으로 구성되어 있다.

05 팔도총도는 어디에 첨부된 지도인가?

① 『삼국사기』
② 『고려사』
③ 『신증동국여지승람』
④ 『동국문헌비고』

☆ 정답 ③

 '팔도총도'는 『신증동국여지승람』에 첨부된 지도로 동해 상에 울릉도와 우산도가 그려져 있다.

06 다음 (   )를 완성하시오.

고려 (A)은 여진족의 (B) 침범에 대해 (C)를 보내 농기구를 지원해 주었다.

	A	B	C
①	현종	우산도	이원구
②	태조	우산국	이원구
③	현종	우산국	이원구
④	덕종	우산도	이원구

☆ **정답** ③

 해설 고려 현종은 울릉도에 대해 시혜통치를 했다. 현종 9년(1018년) 여진족의 우산국 침범에 대해 이원구를 파견하여 농기구 등을 지원해 주었다고 『고려사』에 기록되어 있다.

07 '팔도총도'에 동해, 울릉도, 독도를 어떻게 표기하고 있나?

① 동해 – 울릉도 – 우도
② 동해 – 울릉 – 우산
③ 팔도해 – 울릉도 – 우산도
④ 동해 – 우산도 – 울릉도

☆ **정답** ④

 해설 『신증동국여지승람』에 첨부된 "팔도총도"에는 '동해', '울릉도', '우산도'로 표기되어 있다.

08 다음 연결 중 잘못된 것은?

① 광개토대왕릉비문 – 동해
② 중간수역 – 기국주의
③ 대한제국칙령 제41호 – 석도
④ 평화선 – 미국의 동의

☆ **정답** ④

 해설 평화선을 선고한 후 일본, 영국, 미국 등으로부터 항의를 받았다.

09 "항복문서"의 설명 중 틀린 것은?

① 서명은 동경만에 정박 중인 미전함 미조리함 상에서 있었다.

② 일본은 포츠담 선언을 수락했다. 이로써 "카이로 선언"은 일본에 대해 법적 구속력을 갖게 되었다.

③ 일본은 그가 폭력과 탐욕에 의해 취득한 영토로부터 축출된다는 "카이로 선언"의 규정이 일본에 대해 법적 구속력을 갖게 되었다. 따라서 일본이 폭력과 탐욕에 의해 취득한 독도로부터 일본이 축출되어 독도는 한국의 영토로 된 것이다.

④ 그러나 "카이로 선언"의 이 규정은 "대일평화조약"의 해석의 기준이 될 수 없다.

 정답 ④

해설   "항복문서"에 의거하여 "대일평화조약"이 체결된 것으로 "항복문서"는 "대일평화조약"의 해석기준이 된다.

10 '시마네현 고시 제40호'의 고시 사실을 일본 측이 1906년 3월 28일 우리 측에게 통고해 온 것은 누구인가?

① 동문보(東文輔, 마즈마분스케)

② 중정삼량(中井三良, 나가사키 요오시부로)

③ 송영무길(松永武吉, 마쓰사가 다케요시)

④ 대곡심길(大谷甚吉, 요오이로 진키치)

 정답 ①

해설   일본 측이 우리 측 울릉도군수 심흥택에게 통보해 온 것은 1906년 3월 28일 오끼도사 동문보였다.

11 '독도에 입도하려면 7일 전에 입도신고를 해야 한다'고 규정된 곳은?

① 경상북도 조례

② 울릉군 규칙

③ 울릉군 조례

④ 문화재청 규칙

정답 ③

> **해설** 독도에 입도하려면 7일 전에 입도신고서를 제출하여야 한다고 「울릉군 조례」에 규정되어 있다. (울릉군 조례 제1500호).

12 독도우편번호의 지정에 관해 틀린 것은?

① 대한민국의 독도에 대한 실효적 지배이다.
② 비점유에 의한 실효적 지배이다.
③ 행정기관에 의한 실효적 지배이다.
④ 유형적 실효적 지배이다.

 정답 ④

> **해설** 독도우편번호의 지정은 무형적 실효적 지배이다.

13 다음 중 연결이 잘못된 것은?

① 항복문서 – 포츠담 선언의 수락
② 카이로 선언 – 일본은 폭력과 탐욕에 의해 획득한 영토에서 축출
③ 포츠담 선언 – 카이로 선언의 제 조항의 이행
④ 대일평화조약 – 한국의 독도 영유권 명시적 승인

 정답 ④

> **해설** "대일평화조약"에 독도의 영유권이 한국에 귀속된다는 명문규정도, 일본에 귀속된다는 명문규정도 없다.

14 다음 중 일본이 서명한 것은?

① 카이로 선언, 대일평화조약
② 포츠담 선언, 항복문서
③ 항복문서, 대일평화조약
④ 카이로 선언, 포츠담 선언

☆ **정답** ③

 해설 "항복문서"와 "대일평화조약"에 일본은 서명했다. "카이로 선언"과 "포츠담 선언"에 일본은 서명한 바 없다.

15 다음 연결 중 잘못된 것은?

① 평화선 – 독도 외측에 설정
② 대한제국칙령 제40호 – 울릉진도, 죽도, 석도
③ 삼국접양도 – 조선영토를 적색, 울릉도·독도를 적색으로 채색
④ SCAPIN 제1033호 – 일본선박과 국민의 독도 12해리 접근금지

☆ **정답** ③

 해설 삼국접양도는 조선영토를 황색, 울릉도·독도를 황색, 일본영토를 적색으로 채색했다.

16 다음 연결 중 틀린 것은?

① 국무원고시 제14호 – 이승만 라인
② SCAPIN 제677호 – 울릉도, 독도, 제주도 일본통치권에서 제외
③ 포츠담 선언 – 카이로 선언의 제 조항 이행
④ 독도의 우편번호 – 799 – 850

☆ **정답** ④

 해설 독도의 우편번호는 799 – 805이다.

17 일본이 서명한 것은?

① 카이로 선언
② 포츠담 선언
③ 항복문서
④ 평화선 선언

"카이로 선언"과 "포츠담 선언"은 연합국의 일방적 선언이고 항복문서에는 연합국과 일본이 서명했다.

18 독도의 도로명에 관해 옳은 것은?

	동도	서도
①	독도 이사부길	독도 안용복길
②	독도 이사부길	독도 심흥택길
③	독도 안용복길	독도 이사부길
④	독도 심흥택길	독도 이사부길

독도에는 '독도 이사부길', 서도에는 '독도 안용복길'이 설정되었다.

19 다음 중 제소합의는?

① compromis
② *forum prorogatum*
③ judges *ad hoc*
④ *uti possidetis*

① 국제사법재판소는 분쟁당사자가 제소하기로 합의한 사건에 대해서만 관할권을 갖는다. 특정의 분쟁이 발생한 후에 분쟁당사자 간의 명시적인 제소합의를 compromis라 한다.

② 제소합의 없이 분쟁의 일방당사자가 제소한 경우 타방당사자가 관할권이 없다는 이의를 제기하지 아니하고 소송절차에 참가하는 등 묵시적 합의에 의해 성립되는 국제사법재판소의 재판관할권을 *forum prorogatum*(확대관할권, 지발관할권)이라 한다.

③ 특정사건에서 분쟁당사국의 국적을 가진 재판관이 국제사법 재판소에 없는 경우 그 당사국이 그 사건에 한해 권한을 갖는 재판권을 선임할 수 있다. 이 재판관을 judges *ad hoc*(국제재판관, 당사국재판권)이라 한다. 독도의 영유권분쟁이 국제사법재판소에 제소되게 된 경우 재판소의 재판 중 한국국적을 가진 재판관이 없으므로 한국은 국적재판관을 선임할 수 있다.

④ 평화조약에 규정이 없는 사항은 그 평화조약이 체결된 당시의 현상대로 효력이 인정되는 원칙을 *uti possidetis*의 원칙(현상유보의 원칙)이라 한다.

20 다음 설명 중 틀린 것은?

① 신라 지증왕 13년(512년)에 신라 이사부 장군이 우산국을 정복하여 한국은 독도에 대한 역사적 권한을 취득했다.

② 조선 태조에 의해 수립된 쇄환정책은 대한제국 고종에 의해 강화되었다.

③ 1910년 8월 "한일합방조약"에 의해 독도를 포함한 조선의 전 영토가 일본에 귀속되었다.

④ 1945년 일본의 항복, 'SCAPIN 제677호' 그리고 "대일평화조약"으로 독도를 포함한 모든 한국의 영토가 일본에서부터 분리되게 되었다.

☆ **정답** ②

 고종은 우용정의 보고에 따라 쇄환정책을 폐기하였다.

01 독도를 'TAKE'로 표기한 것은?

① '시마네현 고시 제40호'
② "대일평화조약"에 첨부된 지도
③ 삼국총도
④ SCAPIN 제677호에 첨부된 지도

☆ **정답** ④

 'SCAPIN 제677호' 제3항에는 독도를 'Liancourt RK(TAKE)'로 표기했으나, 첨부된 지도에는 독도와 울릉도를 한국의 영토 경계선 내에 표시했고 독도를 TAKE로 표시했다.

02 다음 중 조선 성종 때 불린 독도의 명칭은?

① 자산도
② 삼봉도
③ 석도
④ 가지도

☆ **정답** ②

 성종 때 삼봉도라 불렸다. 자산도는 숙종 때(안용복), 석도는 고종 때, 가지도는 정조 때의 명칭이다.

03 울릉군수 심흥택 보고서와 가장 관계있는 것은?

① 석도
② 가지도
③ 삼봉도
④ 독도

☆ **정답** ④

 해설 1905년 5월 일본 지방관리(오끼도사)가 독도를 일본영토로 편입했고 울릉군수 심흥택에게 통보해 오자 심흥택은 조정(강원도 관찰사 이명래)에 이 사실을 보고하면서 독도를 독도라고 표시했다. 이것이 한국 정부의 공식적 용어로 처음으로 독도라는 이름이 사용된 것이다.

04 "죽도 외 1도의 건에 대해서는 일본은 관계가 없다는 것을 명심할 것"이라고 기록되어 있는 것은?

① 은주시청합기
② 조선국교제시말내탐서
③ 태정관 지령문
④ 은주시청공기

☆ **정답** ③

 해설 태정관 지령문에 "죽도 외 1도에 대해서는 일본은 관계가 없다는 것을 명심할 것"이라고 지시되어 있다.

05 다음 중간수역에서 제외되는 것 중 옳은 것은?

① 독도의 배타적 경제수역
② 독도의 영해와 접속수역
③ 독도의 어업수역
④ 독도의 접속수역

☆ **정답** ②

 해설 "한일어업협정"은 한국과 일본의 배타적 경제수역에 적용되므로 독도의 영해에는 동 협정이 적용되지 아니한다. 따라서 중간수역에서 제외된다.

06 "다케시마를 시마네현 소속 오끼도사의 소관으로 한다"는 어디에 규정되어 있나?

① "대일평화조약"
② '시마네현 고시 제40호'
③ 태정관지령
④ 한일합방조약

 정답 ②

해설 '시마네현 고시 제40호'에 "다케시마는 시마네현 소속 오끼도사의 소관으로 한다"라고 규정되어 있다.

07 다음 중 독도를 울릉도의 동쪽에 표기한 지도가 아닌 것은?

① 동국지도
② 여지도
③ 조선전도
④ 천하대총일람도

 정답 ④

해설 '천하대총일람도'와 '팔도총도'는 독도를 울릉도의 서쪽에 표기한 지도이다. 동국지도, 여지도, 조선전도, 청구도 등은 독도를 울릉도의 동쪽에 표기한 지도이다.

08 다음 (   )를 완성하시오.

한국과 일본의 중첩 배타적 경제수역의 경계획정에 관해 한국은 (A)의 중간선, 일본은 (B)의 중간선을 각각 주장한다.

① A: 울릉도와 독도   B: 독도와 오끼섬
② A: 오끼섬과 독도   B: 오끼섬과 독도
③ A: 울릉도와 독도   B: 오끼섬과 울릉도
④ A: 오끼섬과 독도   B: 독도와 울릉도

정답 ④

> **해설** 한국은 오끼섬과 독도의 중간선을, 일본은 독도와 울릉도의 중간선을 하자고 각각 주장한다.

09 다음 (　　)를 완성하시오.

> 대한제국획정 제41호 제2조는 "군청의 위치를 대하동으로 정하고 구역을 (A) 전도와 (B), (C)를 관할할 것"이라고 규정하고 있다.

	A	B	C
①	울릉	우도	석도
②	석도	죽도	울릉도
③	울릉	죽도	석도
④	독도	석도	죽도

 정답 ③

> **해설** 제2조는 "구역을 울릉전도와 죽도, 석도를 관할할 것"이라고 규정하고 있다.

10 러시아 해군이 조선 동해안 일대를 탐사한 후 1857년에 발간한 지도를 일본해군성이 1976년에 재발간한 지도는?

① 삼국접양도
② 조선동해안도
③ 한국전도
④ 팔도총도

 정답 ②

> **해설** 러시아 해군이 조선 동해안 일대를 탐사하고 1857년에 제작한 지도를 일본해군성이 1876년에 재발행한 지도가 '조선동해안도'이다.

11 1905년 2월 22일의 '시마네현 고시 제40호'에는 독도를 무엇이라고 표시하고 있나?

① 마쓰시마(松島)
② 다케시마(竹島)
③ 리앙끄르암
④ 오리브차 미넬라이

☆ **정답** ②

 해설 '시마네현 고시 제40호'는 "다케시마를 시마네현 소속 오끼도사의 소관으로 한다"고 규정하고 있다.

12 울릉도와 독도 사이에 있는 해산의 이름은?

① 이사부
② 안용복
③ 심흥택
④ 이규원

☆ **정답** ②

 해설 울릉도와 독도 사이에는 안용복 해산, 독도에서 동남쪽 15km 떨어진 곳에 심흥택 해산, 55km 떨어진 곳에 이사부 해산이 각각 있다.

13 Donghaeana Dokdonensis는 무엇을 말하는가?

① 독도문제가 국제재판소에 제소될 것에 대비하여 준비된 답변서의 명칭
② 독도 주변해역의 심층수
③ 독도 주변 배타적 경제수역에 매장된 천연가스
④ 독도에만 있는 미생물

☆ **정답** ④

 해설 2005년 발견한 독도에만 있는 미생물의 이름이다.

14 역사적 권원에 관한 설명으로 틀린 것은?

① 역사적 권원(historic title)은 현대국제법 성립 이전의 권원이다.
② 봉건적 권원(feudal title)은 역사적 권원이다.
③ 본원적 권원(original title)은 역사적 권원이 아니다.
④ 역사적 권원은 현대국제법상 권원으로 대체되지 아니하면 현대국제법상 효력이 없다.
   대체된 후 역사적 권원은 효력을 상실한다.

☆ **정답** ③

 본원적 권원은 역사적 권원이다.

15 다음 설명 중 틀린 것은?

① '대한제국칙령 제41호'에 의해 한국의 독도에 대한 역사적 권원은 현대국제법상 권원으로 대체되었다.
② 따라서 오늘 독도의 역사적 권원을 주장하는 것은 국제법상으로 거의 의미가 없다.
③ 신라 이사부 장군이 우산국을 정복하여 독도의 역사적 권원을 취득했다는 주장은 '대한제국칙령 제41호' 이후 무의미한 것이다.
④ 따라서 대한제국칙령 제41호 이전에 독도에 대한 실효적 지배의 주장은 중요한 의미를 갖는다.

☆ **정답** ④

 대체 이전의 실효적 지배의 주장은 거의 의미가 없게 된다.

16 한국은 1992년 유엔지명표준화회의에서 동해를 어떻게 표기할 것을 제의했나?

① East Sea
② Korean Sea
③ East Sea/Sea of Japan
④ Japan Sea/East Sea

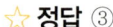 **정답** ③

 한국은 유엔지명표준화회의에서 동해를 'East Sea/Sea of Japan'으로 표기할 것을 제의했다.

17 일본영토는 적색으로 조선영토는 황색으로 각각 착색하고 울릉도와 독도를 황색으로 착색한 지도는?

① 삼국접양도
② 일본변개도
③ 일본여지도정전도
④ 일본국전도

 정답 ①

 삼국접양도는 일본영토는 적색으로, 조선영토는 황색으로 각각 착색하고, 울릉도와 독도도 황색으로 착색했다.

18 평화조약과 관계있는 것은?

① compromis
② critical date
③ *dominium*
④ *uti possidetis*의 원칙

 정답 ④

 ① compromis는 분쟁당사자 간의 제소합의를 말한다.
② critical date는 재판의 기준이 되는 일자를 말한다.
③ *dominium*은 "영유권"을 뜻하는 것으로 "영역권"인 *imperium*과 구별된다. 점령권사령관은 점령영토에 대해 *imperium*을 가지나 *dominium*을 가지지 아니한다. *dominium*의 귀속은 평화조약으로 정해진다.
④ 평화조약에 규정이 없는 것은 평화조약이 채결될 당시의 현상대로 효력이 인정된다는 원칙을 *uti possidetis*의 원칙이라 한다. "대일평화조약"에 규정이 없는 독도의 영유권은 동원칙에 따라 "SCAPIN 제 677호"에 의해 분리된 현상대로 한국에 있다.

19 동도에 있는 도로명칭은?

① 독도 안용복길
② 독도 이사부길
③ 독도 심흥택길
④ 안용복 독도길

 정답 ②

해설   동도에 '독도 이사부길'이 있고, 서도에 '독도 안용복길'이 있다.

20 다음 설명 중 틀린 것은?

① 서도 북쪽에 물골이 있다.
② 서도가 동도보다 낮다.
③ 등대는 동도에 있다.
④ 독도는 460만 년 전에 화산폭발로 형성되었다.

 정답 ②

해설   서도가 168.5m, 동도가 98.6m로 서도가 더 높다.

01 다음 ( )를 완성하시오.

SCAPIN 제677호 제3항은 독도를 (A)로 표기하고 동 지령에 첨부된 지도에는 독도를 (B)로 표기하고 있다.

① A: Dokdo   B: Dokdo

② A: Liancourt Rk(TAKE)   B: TAKE

③ A: Takesima   B: Takesima

④ A: Dokdo   B: Ulung

 정답 ②

해설 'SCAPIN 제677호' 제3항에 일본으로부터 제외되는 지역으로 독도가 Liacourt Rk(TAKE)으로 표기되어 있고 동 지령에 첨부된 지도에는 독도가 TAKE로 표기되어 있다.

02 국무원고시 제14호와 무관한 것은?

① 1952년 1월 18일 인접해양에 대한 주권선언

② 평화선

③ 독도 외측의 설정

④ 일본 정부와 공동선언

 정답 ④

해설 1952년 1월 18일 국무원고시 제14호로 선언된 "인접해양에 대한 주권선언"의 인접해양경계선인 평화선은 독도의 외측에 설정한 대한민국의 일방적 선언이다.

03 시찰관 우용정의 보고와 관계있는 것은?

① 시마네현 고시 제40호의 통보
② 안용복의 제2차 도일
③ 대한제국칙령 제41호
④ 동국여지승람

 정답 ③

> **해설** 시찰관 우용정의 울릉도 시찰보고서에 의거, 고종은 '대한제국칙령 제41호'를 제정·공표하게 된다.

04 '시마네현 고시 제40호'의 고시일은?

① 1905년 2월 22일
② 1906년 3월 28일
③ 1905년 1월 28일
④ 1905년 5월 17일

 정답 ①

> **해설** 1905년 2월 22일: '시마네현 고시 제40호'의 고시일
> 1906년 3월 28일: 오끼도사 동문보의 심흥택에 대한 통보일
> 1905년 1월 28일: 일본 각의의 고시 결정일
> 1905년 5월 17일: 토지대간 기입일

05 '아국총도(我國總圖)'는 어디에 수록된 지도인가?

①『여지도』
②『신증동국여지승람』
③『동국문헌비고』
④『증보문헌비고』

 정답 ①

> **해설** '아국총도'는『여지도』에 수록되어 있는 지도이다. 이 지도에는 울릉도와 우산도(독도)가 그려져 있으며 독도가 울릉도보다 작게 울릉도의 동쪽에 그려져 있다.

06 다음 (   )를 완성하시오.

(A)에는 "울릉도와 우산은 모두 (B) 땅인데 우산은 바로 왜인들이 말하는 (C)이다"
라고 기록되어 있다.

	A	B	C
①	증보문헌비고	우산국	송도
②	증보문헌비고	조선	송도
③	동국문헌비고	조선	죽도
④	동국문헌비고	조선	송도

☆ **정답** ①

 『증보문헌비고』에는 "울릉도와 우산은 모두 조선의 땅인데 우산은 바로 왜인들이 말하는 송도이다"라고 기록
되어 있다.

07 다음 (   )를 완성하시오.

(A)는 크라프로트(klaproth)가 1832년에 제작한 지도로 울릉도와 독도를 조선 본토와
같이 (B)색으로 채색되어 있다.

① A: 삼국총도　　　　B: 황
② A: 삼국전도　　　　B: 적
③ A: 삼국통람도　　　B: 황
④ A: 삼국통람도　　　B: 적

☆ **정답** ③

 '삼국통람도'에는 울릉도와 독도를 조선본토와 같이 황색으로 채색하고 있다.

08 "우산과 무릉 두 섬이 서로 멀지 않아 날씨가 맑으면 바라볼 수 있다" 는 기록이 어디에 있나?

① 『삼국사기』
② 『고려사』
③ 『세종실록지리지』
④ 『증보문헌비고』

 정답 ③

해설 『세종실록』「지리지」에 "우산과 무릉 두 섬이 서로 멀지 않아 날씨가 맑으면 바라볼 수 있다"라고 기록되어 있다.

09 '팔도총도'는 어디에 첨부된 지도인가?

① 『신증동국여지승람』
② 『세종실록지리지』
③ 『팔도총도』
④ 『삼국사기』

 정답 ①

해설 『신증동국여지승람』에 첨부된 "팔도총도"는 독도를 '우산도'로 울릉도를 '울릉도'로 표시하고 있다.

10 다음 (   )를 완성하시오.

독도 주변 해역에는 (A)와 (B)가 풍부하다.

① A: 해양심층수　　　B: 가스하이드레이트
② A: 조류차이　　　　B: 조력하이드레이트
③ A: 해양담수　　　　B: 가스하이드레이트
④ A: 해양심층수　　　B: 가스심층층

해설 동해바다에는 해양심층수와 가스하이드레이트가 풍부하다.

11 중간수역에 관한 다음 기술 중 틀린 것은?

① "한일어업협정"에 의해 설치되었다.
② 독도의 영해 접속수역, 배타적 경제수역을 포함하고 있다.
③ 울릉도와 오끼섬의 중간에 위치하고 있다.
④ 한일 배타적 경제수역의 경계획정 협정이 체결되기까지 잠정적으로 존재한다.

 정답 ②

 해설 중간수역은 "한일어업협정"에 의해 설치된 것으로 동 협정은 한일 양국의 배타적 경제수역에 적용되므로 독도의 '영해 접속수역'에 적용되지 아니한다. 그러므로 중간수역은 독도의 영해와 배타적 경제수역을 포함하지 아니한다.

12 동해 중간수역에 관한 다음 기술 중 틀린 것은?

① 독도 주위에 설치되어 있다.
② 중간수역 내에서 기국주의가 적용된다.
③ 잠정수역이다.
④ 한국이 일방적으로 폐기할 수 없다.

 정답 ④

 해설 중간수역은 "한일어업협정"에 의해 설치된 것으로 동 협정은 발효 이후 3년 이후에 어느 일방도 상대방에게 폐기통보할 수 있으므로(제16조 제2항) 중간수역을 한국이 일방적으로 폐기할 수 있다.

13 "우산, 울릉 두 섬은 모두 우산국이다"라고 기록되어 있는 것은?

① 『강계고』
② 『삼국사기』
③ 『고려사』
④ 『신증동국여지승람』

☆ **정답** ①

> **해설** 신경준이 지은 『강계고』에 "우산, 울릉 두 섬은 모두 우산국이다"라고 기록되어 있다.

14 『해양과 바다의 경계』는 어디서 발간하나?

① 유엔지명표준화위원회
② 유엔경제사회이사회
③ 국제수로기구
④ 국제수로국

☆ **정답** ③

> **해설** 『해양과 바다의 경계』는 국제수로기구에서 발간한다.

15 다음 설명 중 틀린 것은?

① 국제법상 독도는 섬으로서 영해, 접속수역, 배타적 경제수역 그리고 대륙붕을 가질 수 있다.
② 독도를 인간이 거주할 수 없거나 독자적인 경제활동을 할 수 없는 암석으로 보면 독도는 배타적 경제수역과 대륙붕을 가지지 아니한다.
③ 독도는 인간이 거주할 수 있고 독자적인 경제활동을 할 수 있는 섬이므로 배타적 경제수역과 대륙붕을 갖는다.
④ 독도는 인간이 거주할 수 없거나 독자적인 경제활동을 할 수 없는 암석으로 보는 입장은 없다.

☆ **정답** ④

> **해설** 독도를 "유엔해양법협약" 제121조 제3항의 암석으로 보는 주장(정부?)이 없지 않다.

16 다음 중 연대순서로 나열한 것은?

① 포츠담 선언, 카이로 선언, 항복문서, 대일평화조약
② 카이로 선언, 포츠담 선언, 항복문서, 대일평화조약
③ 카이로 선언, 항복문서, 포츠담 선언, 대일평화조약
④ 카이로 선언, 포츠담 선언, 대일평화조약, 항복문서

☆ **정답** ②

 해설 카이로 선언은 1943년 12월 1일, 포츠담 선언은 1945년 7월 26일, 항복문서는 1945년 9월 2일, 대일평화조약은 1951년 9월 8일에 각각 있었다.

17 다음 (   )를 완성하시오.

'대한제국칙령 제41호'의 명칭은 울릉도를 (A)로 개칭하고 도감을 (B)로 개칭하는 건이다.

① A: 무릉도   B: 울릉 검찰사
② A: 석도   B: 도감사
③ A: 을도   B: 군수
④ A: 무릉도   B: 군수

☆ **정답** ③

 해설 대한제국칙령 제41호는 "울릉도를 을도로 개칭하고 도감을 군수로 개칭하는 건"이다.

18 우용정의 울릉도 조사보고서의 명칭은?

① 울릉 · 자산 순심
② 울릉도 순심
③ 울도 보고서
④ 울릉도 사핵

정답 ④

> **해설** 우용정이 내부대신에게 제출한 울릉도 조사보고서를 울릉도 사핵(鬱陵島 查覈)이라고 한다.

19 다음 연결 중 틀린 것은?

① 국제수도기구 – 해양과 바다의 경계
② 독도와 울릉도 간의 해산 – 이사부 해산
③ 울릉전도와 죽도, 석도 – 대한제국칙령 제41호
④ 독도의 해저지형 – 수면 아래에 높이 약 2,000m, 하부지름 20~25km인 봉우리 형태

 정답 ②

> **해설** 독도와 울릉도 사이에 있는 해산은 안용복 해산이다.

20 다음 인물의 활약을 연대순으로 나열한 것은?

① 이사부, 우용정, 안용복, 심흥택, 홍순칠
② 이사부, 심흥택, 안용복, 우용정, 홍순칠
③ 이사부, 심흥택, 우용정, 안용복, 홍순칠
④ 이사부, 안용복, 우용정, 심흥택, 홍순칠

 정답 ④

> **해설** 이사부: 512, 안용복: 1693, 1696, 우용정: 1900, 심흥택: 1906, 홍순칠 1953

01 다음 기술 중 틀린 것은?

① 자산도는 조선 숙종 때 독도의 명칭이다.
② 은주시청합기에 독도를 죽도(竹島)로 표기하고 있다.
③ 1953년 전 『바다와 해양의 경계』에는 동해를 Japan Sea로 표기하고 있다.
④ 독도등대는 동도에 있고, 어민숙소는 서도에 있다.

☆ 정답 ②

 『은주시청합기』에는 독도를 '송도'로 표기하고 있다.

02 우리 「헌법」상 모든 국민은 독도에 대해 어떠한 의무를 지나?

① 수호
② 방어
③ 보전
④ 방위

☆ 정답 ④

 모든 국민은 국토방위의 의무를 진다(제39조 제1항).

03 다음 설명 중 틀린 것은?

① 「문화재보호법」은 독도를 실효적으로 지배하는 근거의 하나이다.
② SCAPIN 제677호는 대일평화조약에 의해 그 효력이 무효화되었다.
③ 대일평화조약 제2조 (a)항에 독도가 일본이 포기하는 한국의 도서로 열거되어 있지 않다.
④ 울릉도와 독도 사이에 안용복 해산이 있다.

 정답 ②

해설 SCAPIN 제677호는 "대일평화조약" 제19조 (d)항에 의거, 그 효력이 승인되었다.

04 다음 설명 중 틀린 것은?

① SCAPIN 제677호는 일본선박과 국민은 독도의 12해리 이내 접근을 금지하고 있다.
② '시마네현 고시 제40호'는 독도를 죽도(다케시마)로 표기하고 있다.
③ 독도는 경상북도의 관할하에 있다.
④ 독도는 해양성 기후로 기온은 연평균 12℃이다.

 정답 ①

해설 'SCAPIN 제1033호'가 일본선박과 국민의 독도 12해리 이내 접근을 금지하고 있다.

05 독도는 천연기념물 몇 호로 지정되어 있나?

① 제333호
② 제336호
③ 제366호
④ 제633호

 정답 ②

해설 독도는 천연기념물 제336호로 지정되어 있다.

06 광개토왕릉비 비문에는 동해를 어떻게 표기하고 있나?

① 조선해
② 고구려해
③ 고구려 일본해
④ 동해

☆ **정답** ④

 해설 광개토왕릉비 비문에는 동해를 '동해'라고 표기하고 있다.

07 다음 중 일본이 모두 서명한 것은?

① 카이로 선언, 포츠담 선언
② 항복문서, 대일평화조약
③ 포츠담 선언, 항복문서
④ 카이로 선언, 항복문서

☆ **정답** ②

 해설 일본은 "항복문서"와 "대일평화조약"에 서명하였다.

08 2005년에 발견된 독도에만 있는 미생물의 이름은?

① Dokdoadopt
② Donghaelive
③ Dokdoadopt－Donghaelive
④ Donghaeana Donkdonensis

☆ **정답** ④

 해설 2005년 발견된 독도에만 있는 미생물의 이름은 Donghaeana Donkdonensis이다.

09 다음 설명 중 틀린 것은?

① 평화선은 독도의 외측에 설정되었다.
② 한일어업협정은 독도의 배타적 경제수역을 훼손했다.
③ 독도는 1905년 당시 한국의 영토이었으므로 시마네현 고시 제40호로 독도를 선점할 수 없다.
④ 『삼국사기』에는 울릉도와 독도가 우산국의 영토라고 기록되어 있다.

☆ 정답 ④

 『삼국사기』에는 독도가 우산국의 영토라는 기록이 없다. 그러한 기록은 『만기요람』에 있다.

10 다음 (　　　)를 완성하시오.

고려 (A)은/는 여진족의 (B) 침범에 대해 (C)을/를 보내 농기구를 지원해 주었다.

	A	B	C
①	현종	우산도	이원구
②	태조	우산국	이원구
③	현종	우산국	이원구
④	덕종	우산도	이규원

☆ 정답 ③

 고려 현종은 울릉도에 대해 시혜통치를 했다. 현종 91년(1018년) 여진족의 우산국 침범에 대해 이원구를 파견하여 농구 등을 지원해 주었다고 『고려사』에 기록되어 있다.

11 다음 중 연대순으로 나열된 것은?

① SCAPIN 제1033호, SCAPIN 제677호, 대일평화조약, 평화선 선언
② SCAPIN 제677호, SCAPIN 제1033호, 평화선 선언, 대일평화조약
③ SCAPIN 제677호, SCAPIN 제1033호, 대일평화조약, 평화선 선언
④ SCAPIN 제1033호, SCAPIN 제677호, 평화선 선언, 대일평화조약

> 해설 SCAPIN 제677호: 1946.1.29.
> SCAPIN 제1033호: 1946.6.22.
> 대일평화조약: 1951.9.8.
> 평화선 선언: 1952.1.18.

12 다음 중 연대순으로 나열된 것은?

A: 태정관 지령문 B: 은주시청합기 C: 조선국교제시말내탐서

① A, B, C
② B, C, A
③ C, B, A
④ B, A, C

 정답 ②

> 해설 은주시청합기: 1667년
> 조선국교제시말내탐서: 1876년
> 태정관 지령문: 1877년

13 동해 중간수역을 설정하는 근거는?

① 유엔 조약법 협약
② 한일 대륙붕 공동개발 협정
③ 한일어업협정
④ 한일 배타적 경제수역 경계확정 협정

 정답 ③

> 해설 한일어업협정에 의해 동해 중간수역이 설정되었다.

14 일본 육군참모국이 제작한 대일본전도(1877년)에 대한 설명으로 옳은 것은?

① 독도는 청색으로 착색되어 있다.
② 독도는 적색으로 착색되어 있다.
③ 독도는 황색으로 착색되어 있다.
④ 독도는 그려져 있지 않다.

 정답 ④

> **해설** 일본 육군참모국이 1877년에 제작한 '대일본전도'에는 일본영토로 표시했으나 독도는 표시되어 있지 않다.

15 SCAPIN 제677호에 관한 다음 기술 중 틀린 것은?

① 연합국최고사령관이 1946년 1월 29일 일본 정부에 하단한 지령이다.
② 동 지령은 8개 항으로 구성되어 있다.
③ 동 지령 제3항은 울릉도, 독도, 제주도를 일본의 통치로부터 제외된다고 규정하고 있다.
④ 동 지령은 "대일평화조약"에 의해 무효화되었다.

 정답 ④

> **해설** "대일평화조약" 제19조 (d)항에 의해 그 효력이 그대로 인정되었다.

16 1898년 프랑스 군지제작소가 제작한 강릉(Kang Neung)이라는 지도에 표시된 독도의 명칭은?

A. Scala Oliontsa   B. Scala Marel   C. Rocks Liancourt   D. Lle Hornet

① A
② A, B
③ A, B, C
④ A, B, C, D

정답 ④

> **해설** 이상 4개의 명칭을 모두 기록하고 있다.

17 울릉도와 그 옆에 있는 섬을 조선 본토와 같이 황색으로 채색하고 울릉도와 그 옆에 있는 섬을 '조선의 것'이라고 표기한 지도는?

① 조선전도
② 삼국접양지도
③ 일본여지로정전도
④ 아국총도

 정답 ②

> **해설** 삼국접양지도에 울릉도와 그 옆에 있는 섬을 조선본토와 같이 황색으로 채색하고 '조선의 것'이라고 표시되어 있다.

18 안용복이 도일할 때 갖고 간 지도는?

① 삼국접양도
② 조선팔도지도
③ 일본국전도
④ 조선동해안도

 정답 ②

> **해설** 안용복은 도일 시 '조선팔도지도'를 지참했다. 이를 보고 일본 관리가 '조선지판도'를 옮겨 썼다.

19 "한일어업협정"이 적용되는 해역은?

① 오끼섬의 영해
② 울릉도의 영해
③ 독도의 배타적 경제수역
④ 오끼도의 내수

 정답 ③

> **해설** "한일어업협정"은 한일 양국의 배타적 경제수역에 적용된다.

20 "한일어업협정"이 적용되지 아니하는 해역은?

① 오끼섬의 배타적 경제수역
② 독도의 배타적 경제수역
③ 울릉도의 배타적 경제수역
④ 독도의 영해

 정답 ④

> **해설** "한일어업협정"은 한일 양국의 배타적 경제수역에 적용된다.

01 대일평화조약 제2조 (a)항에 규정되어 있는 도서는?

① 독도
② 제주도, 울릉도
③ 제주도, 울릉도, 독도
④ 제주도, 거문도, 울릉도

 정답 ④

> **해설** "일본은 제주도, 거문도 및 울릉도를 포함하는 한국에 대한 권리, 권원 및 청구권을 포기한다"라고 규정하고 있다.

02 "유엔해양법협약"상 암석은?

① 인간이 거주할 수 없거나 독자적인 어업활동을 할 수 없는 암석
② 인간이 생활할 수 없거나 공동적인 경제활동을 할 수 없는 암석
③ 인간이 활동할 수 없거나 독자적인 생활활동을 할 수 없는 암석
④ 인간이 거주할 수 없거나 독자적인 경제활동을 할 수 없는 암석

 정답 ④

> **해설** "인간이 거주할 수 없거나 독자적인 경제활동을 할 수 없는 암석(제121조 제3항)"

03 다음 (　　)를 완성하시오.

『은주시청합기』가 출간된 것은 (A)년이고『삼국사기』가 발간된 것은 (B)년이다.

① A: 1667　　　　B: 1669
② A: 1666　　　　B: 1145
③ A: 1667　　　　B: 1155
④ A: 1667　　　　B: 1145

☆ **정답** ④

 『은주시청합기』가 출간된 것은 1667년이고, 『삼국사기』가 출간된 것은 1145년이다. 500여 년의 차이가 있다.

04 일본이 한국의 독립을 승인한 것은?

① 카이로 선언
② 포츠담 선언
③ 항복문서
④ 대일평화조약

☆ **정답** ④

해설　"대일평화조약" 제2조 (a)항은 "일본은 한국의 독립을 승인하고……"라고 규정하고 있다.

05 "대일평화조약" 제2조 (a)항은 다음과 같이 규정하고 있다. (　　)를 완성하시오.

"일본은 (　　)의 독립을 승인하고……."

① 대한민국
② 남한과 북한
③ 한국
④ 북한

정답 ③

> **해설** "대일평화조약" 제2조는 "일본은 한국의 독립을 승인하고……"라고 규정하고 있다. 동 조의 한국이 대한민국만을 뜻하는 것인지 대한민국과 조선민주주의 인민공화국 모두 뜻하는 것인지 해석의 여지가 있다.

06 다음 (　　)를 완성하시오.

한일어업협정은 발효 후 (A)이 지난 후 어느 일방체약국도 협정의 (B)를 상대방에게 통고할 수 있다.

① A: 2년 　　　　　　　　B: 폐기
② A: 3년 　　　　　　　　B: 종료
③ A: 4년 　　　　　　　　B: 포기
④ A: 5년 　　　　　　　　B: 소멸

 정답 ②

> **해설** "한일어업협정"은 "협정이 발효 후 3년이 지난 후 어느 일방체약국도 협정의 종료를 상대방에게 통고할 수 있다"고 규정하고 있다.

07 다음 (　　)를 완성하시오.

독도는 평화선 (A)에, 동해 중간수역 (B)에, 맥아더 라인 (C)에 있다.

	A	B	C
①	내	내	내
②	내	외	내
③	내	내	외
④	외	외	외

 정답 ③

> **해설** 독도는 평화선 내에, 동해 중간수역 내에, 맥아더 라인 외에 있다.

08 시마네현 고시 제40호가 국제법상 무효인 첫째의 이유는?

① 당시 독도가 무인도였다.
② 당시 독도가 무주지였다.
③ 당시 독도가 유인도였다.
④ 당시 독도가 무주지가 아니었다.

 정답 ④

> **해설** 선점의 첫째 요건은 선점의 대상인 영토가 무주지임을 요한다. '시마네현 고시 제40호'가 제정될 당시 독도는 무주지가 아니라 한국의 영토였다.

09 '울릉전도와 죽도, 석도'라고 규정된 것은?

① 시마네현 고시 제40호
② SCAPIN 제637호
③ 대한제국칙령 제41호
④ 항복문서

 정답 ③

> **해설** '대한제국칙령 제41호' 제2조에는 '울릉전도와 죽도, 석도'라고 규정되어 있다.

10 SCAPIN 제677호에 첨부된 지도에 독도는 어떻게 표기되어 있나?

① Dakeshima
② Dokdo
③ Liancourt RK(TAKE)
④ TAKE

 정답 ④

> **해설** SCAPIN 제677호 제3항에는 Liancourt RK(TAKE)로 표기되어 있고, 첨부된 지도에는 독도를 TAKE로 표기하고 있다.

11 "대일평화조약"에 독도를 어떻게 표기하고 있나?

① Dokdo
② Liancourt RK
③ Takeshima
④ 정답이 없다.

☆ **정답** ④

 해설 "대일평화조약"에 독도에 관한 명문규정이 없다.

12 인간이 거주할 수 없거나 독자적인 경제활동을 할 수 없는 암석이 가지지 아니하는 것은?

① 영해
② 영해, 배타적 경제수역
③ 접속수역, 배타적 경제수역
④ 배타적 경제수역, 대륙붕

☆ **정답** ④

 해설 "인간이 거주할 수 없거나 독자적인 경제활동을 할 수 없는 암석은 배타적 경제수역이나 대륙붕을 가지지 아니한다(유엔해양법협약 제121조 제3항)."

13 동해 중간수역은 울릉도에서 몇 해리 밖에, 그리고 오끼도에서 몇 해리 밖에 설정되었나?

① 각각 9해리
② 각각 12해리
③ 각각 24해리
④ 각각 35해리

☆ **정답** ④

 해설 동해 중간수역은 울릉도에서 35해리 이원(以遠)에, 오기도에서 35해리 이원에 설정되었다.

14 다음 중 연안국이 주권적 권리를 갖는 것은?

① 영토
② 내수
③ 영해
④ 배타적 경제수역

 정답 ④

> **해설** 연안국은 영토, 내수, 영해에 대해 주권(sovereign)을 갖고, 배타적 경제수역, 대륙붕에 대해 주권적 권리 (sovereign right)를 갖는다.

15 독도의 배타적 경제수역의 실제적 폭은?

① 200해리
② 212해리
③ 188해리
④ 240해리

 정답 ③

> **해설** 배타적 경제수역은 영해의 외측에서부터 200해리가 아니라 영해의 기선으로부터 200해리이다. 따라서 배타적 경제수역의 실제적인 폭은 영해 12해리를 제외한 폭(200 − 12 = 188)인 188해리이다.

16 동해 중간수역에 관한 기술이다. 틀린 것은?

① 동해 중간수역은 한국은 울릉도에서 35해리 이원에, 일본은 오끼도에서 35해리 이원에 설정되었다.
② 독도의 배타적 경제수역은 중간수역에 의해 제한을 받는다.
③ 중간수역 내에는 기국주의가 적용된다.
④ 기국의 추적권은 제한을 받지 아니한다.

 정답 ④

> **해설** 기국주의의 결과 추적권 제한을 받을 수밖에 없다.

17 다음 설명 중 틀린 것은?

① 프랑스 포경선 리앙끄르호가 독도를 발견한 것은 1849년이었다.
② 한국의 동단은 독도의 동단이고 독도의 동단은 동도의 동단으로 경도는 동경 131°52′22″ 이다.
③ 독도의 우편번호는 799−805이다.
④ SCAPIN 제677호에 첨부된 지도에는 독도를 Dokdo로 표시하고 있다.

☆ 정답 ④

 독도를 'TAKE'로 표기하고 있다.

18 1974년 9월 15일 우리 정부는 독도풍경우표를 발행한 바 있다. 다음 연결 중 틀린 것은?

① 액면가 2환: 500만 매
② 액면가 5환: 2,000만 매
③ 액면가 10환: 500만 매
④ 액면가 100환: 500만 매

☆ 정답 ④

 ①②③만 발행했다.

19 Critical Date가 적용되지 아니하는 것은?

① 조약의 해석, *uti possidetis*의 원칙 적용
② 금반언, 조약의 해석
③ 영토의 선점, *uti possidetis*
④ 배타적 경제수역의 경제획정

☆ 정답 ①

 조약의 해석과 *uti possidetis* 원칙의 적용에는 Critical Date가 적용되지 아니한다.

20 독도경찰경비대의 독도점유는 다음 중 어떤 필요를 위한 것인가?

① 권원의 취득
② 권원의 유지
③ 권원의 대체
④ 권원의 변경

☆ **정답** ②

 독도는 한국의 영토이므로 독도경찰경비대의 독도점유는 권원의 유지를 위한 것이다.

01 35해리와 관계있는 것은?

① 독도의 배타적 경제수역
② 울릉도의 배타적 경제수역
③ 독도의 심해저
④ 동해 중간수역

 정답 ④

> **해설** 동해 중간수역은 울릉도에서 35해리, 오끼도에서 35해리 이원(以遠)에 설치되었다.

02 "제주도, 거문도 및 울릉도를 포함하는 한국에 대한 권리, 권원 및 청구권을 포기한다"라고 규정한 것은?

① 한일기본관계조약
② 한일어업협정
③ 항복문서
④ 대일평화조약

 정답 ④

> **해설** 대일평화조약 제2조 (a)항은 "일본은…… 제주도, 거문도 및 울릉도를 포함한 한국에 대한 권리, 권원 및 청구권을 포기한다"라고 규정하고 있다.

03 Donghaeana – Dokdonensis가 의미하는 것은?

① 동북아역사재단이 수립한 독도보전장기계획
② 일본 정부의 독도수호 프로그램
③ 유엔안보리에 제출한 독도특별위원회의 독도분쟁에 대한 해결방안
④ 독도에만 있는 특종 미생물

☆ **정답** ④

 해설 Donghaeand – Dokdonensis는 2005년에 독도에서 발견된 독도에만 있는 특유 미생물이다.

04 심흥택 보고서에 독도를 무엇이라고 표기했나?

① 자산도
② 석도
③ 죽도
④ 독도

☆ **정답** ④

 해설 심흥택 보고서에 독도를 '독도'라고 표기한 것이 독도명칭의 한국 정부의 최초의 공식적인 표기이다.

05 우산과 무릉이 우산국이라고 기록되어 있는 것은?

① 심흥택 보고서
② 『강계고』
③ 『삼국사기』
④ 시마네현 고시 제40호

☆ **정답** ②

 해설 신경준이 지은 『강계고』에는 "우산과 무릉이 우산국의 땅이다"라고 기록되어 있다.

06 다음 설명 중 틀린 것은?

① 우산과 무릉 두 섬은 날씨가 밝으면 바라볼 수 있다 — 『삼국사기』
② 현상유보의 원칙 — SCAPIN 제677호의 효력 인정
③ 평화선 — 독도의 외측에 설정
④ 중간수역 — 기국주의

 정답 ①

해설 ① 『삼국사기』가 아니라 『세종실록』 「지리지」
② 평화조약에 규정이 없는 사항은 평화조약 체결 당시의 현상대로 효력이 인정되는 원칙을 현상유보의 원칙 (principle of uti possidetis)이라 한다. 동 원칙에 의해 "대일평화조약"에 규정이 없는 것은 'SCAPIN 제677 호'에 규정된 현상대로 효력이 인정된다.
③ 평화선은 독도의 외측에 설정되었다.
④ 중간수역에 있어서 기국주의에 의해 한 · 일 양국은 각기 자국의 선박과 인원에 대해서만 관할권을 행사한다.

07 다음 연결 중 틀린 것은?

① 대한제국칙령 제41호 — 1900년 10월 25일
② 시마네현 고시 제40호 — 1905년 2월 22일
③ 태정관지령문 — 1876년 10월 16일
④ 항복문서 — 1945년 8월 15일

 정답 ④

해설 항복문서의 서명은 1945년 9월 2일에 있었다.

08 대일평화조약의 체약당사국은?

① 일본과 미국
② 일본과 미국 · 영국 · 중국 · 한국
③ 일본과 48개 연합국
④ 일본과 한국

정답 ③

해설 "대일평화조약"은 일본과 48개 연합국 간에 체결되었으며, 한국은 체약당사국이 아니다.

09 대일평화조약에 관한 다음 기술 중 옳은 것은?

① 한국은 가서명했으나 서명하지 아니했다.
② 한국은 서명했으나 비준하지 아니했다.
③ 한국은 서명하지 아니하고 가입했다.
④ 한국은 서명하지 아니했고 비준하지 아니했다.

 정답 ④

해설 한국은 대일전쟁의 당사자가 아니라는 이유에서 체약당사자가 되지 못했다. 따라서 서명하지 아니했고 비준하지 아니했다.

10 인접해양에 대한 주권선언의 선언일과 관보게재일은?

	선언일	관보게재일
①	1951.2.22	1951.2.30
②	1952.9.2	1952.2.1
③	1952.1.18	1952.1.18
④	1951.9.8	1951.9.8

 정답 ③

해설 "인접해양에 대한 주권선언"은 1951.1.18.에 있었으며 같은 일자에 관보에 호외로 게재되었다.

11 대일평화조약 제2조 (a)항은 다음과 같이 규정하고 있다. (   )를 완성하시오.

일본은 (A)를 포함하는 (B)에 대한 권리, 권원 및 청구권을 포기한다.

① A: 제주도, 울릉도   B: 대한민국
② A: 제주도, 울릉도 및 독도   B: 남한과 북한
③ A: 제주도, 백령도 및 죽도   B: 대한민국과 조선민주주의인민공화국
④ A: 제주도, 거문도 및 울릉도   B: 한국

☆ **정답** ④

 해설   "대일평화조약" 제2조 (a)항은 "일본은 제주도, 거문도 및 울릉도를 포함하는 한국에 대한 권리, 권원 및 청구권을 포기한다"라고 규정하고 있다.

12 일본 선박과 국민의 독도의 12해리 이내에 접근을 금지한 것은?

① 평화선 선언
② SCAPIN 제677호
③ SCAPIN 제1033호
④ 국무원고시 제14호

☆ **정답** ③

 해설   SCAPIN 제1033호는 일본선박과 국민의 독도 12해리 이내에 접근을 금지했다.

13 대한제국칙령 제41호에 의한 울릉군수의 관할은?

① 울릉전도, 죽도, 석도
② 죽도, 석도
③ 울릉전도, 석도
④ 울릉도, 석도

 **정답** ①

 해설 "대한제국칙령 제41호" 제2조는 울릉군수의 관할은 울릉전도, 죽도, 석도로 규정하고 있다.

14 다음 연결 중 직접 무관한 것은?

① 폭력과 탐욕 – 카이로 선언
② 이미 무효임을 확인 – 한일기본관계조약
③ 중간수역 – 한일어업협정
④ 백길(百吉) – 울릉자산양도감세장

 정답 ④

 해설 조선 태조는 울릉도에서 사절로 온 백길에게 정위(正位)의 관직을 주었다. "울릉자산양도감세장"은 안용복이 2차 도일 때 갖고 간 기에 표기된 것이다.

15 일본이 한국의 독립을 승인한 것은?

① 카이로 선언
② 포츠담 선언
③ 항복문서
④ 대일평화조약

정답 ④

해설 "대일평화조약" 제2조 (a)항은 "일본은 한국의 독립을 승인하고……"라 규정하고 있다.

16 광복 이후 한일 간 독도영유권문제가 발단되게 된 것은?

① 카이로 선언
② 포츠담 선언
③ 항복문서
④ 평화선 선언

정답 ④

해설 한국이 독도의 외측에 평화선을 선언하자, 일본이 이에 항의해 옴으로써 한일 간에 독도영유권 문제가 발단되게 되었다.

17 다음 기술 중 옳은 것은?

① 역사적 권원은 현대국제법상 권원으로 대체되지 아니하면 효력이 없다.
② 대일평화조약은 한일합방조약의 무효를 전제로 한 것이다.
③ 한일어업협정은 독도와 오끼도의 중간에 중간수역을 설정하고 있다.
④ SCAPIN 제677호는 대일평화조약에 의해 그 효력이 부인되었다.

 정답 ①

해설 ① 역사적 권원은 현대국제법상 권원으로 대체되지 아니하면 효력이 없다.
② "대일평화조약"은 "일본은 제주도, 거문도 및 울릉도를 포함한 한국에 대한 권리, 권원 및 청구권을 포기한다"라고 규정하고 있는바(제2조 a항), 일본이 포기한다고 규정한 것은 일본이 권리ㆍ권원ㆍ청구권을 갖고 있음을 전제로 한 것, 즉 "한일합방조약"의 유효를 전제로 한 것이다.
③ 한일어업협정은 한국의 울릉도의 36해리 이원에, 일본의 오기도 36해리 이원에 중간수역을 설정하고 있다.
④ SCAPIN 제677호는 대일평화조약 제19조 (d)항의 규정에 의해 그 효력이 승인되었다.

18 다음 기술 중 옳은 것은?

① 『삼국사기』에는 울릉도와 우산도는 우산국의 땅이라고 기록되어 있다.
② SCAPIN 제677호에 독도를 Dokdo Island라고 표기하고 있다.
③ "폭력과 탐욕에 의해 약취한 영토로부터 일본을 축출한다"는 "카이로 선언"의 규정에 근거한 "대일평화조약" 제2조 (a)항의 해석을 통상적 의미의 해석이라 한다.
④ 일반적으로 실효적 지배가 이해관계국의 항의에 관계없이 효력을 발생하는 것은 아니다.

 정답 ④

해설 ① 『삼국사기』에는 울릉도와 우산도가 우산국의 땅이라는 기록이 없다. 『만기요람』에 그러한 기록이 있다.
② 'SCAPIN 제677호' 제3항에 독도가 Liancourt Rocks(TAKE)로 표기되어 있다.
③ 그러한 해석은 목적론적 해석이라 한다.
④ 실효적 지배는 이해관계국의 항의로 효력을 발생하지 못한다.

19 안용복이 제2차 도일 시에 들고 간 기에 써진 것은?

① 울릉자산감세사
② 울릉자산감제장
③ 울릉도감세장
④ 울릉자산양도감세장

 정답 ④

> **해설** 안용복은 제2차 도일 시 울릉자산양도감세장(鬱陵子山兩島監稅將)이라는 기를 들고 갔다.

20 SCAPIN의 효력을 승인한 것은?

① 항복문서
② 포츠담 선언
③ 대일평화조약
④ 한일기본관계조약

 정답 ③

> **해설** 대일평화조약 제19조 (d)항의 규정에 의해 SCAPIN의 효력은 승인되었다.

01 조선 태종은 김인우에게 어떤 관직을 주어 울릉도에 파견했나?

① 무릉등처안무사
② 무릉관찰사
③ 무릉 · 우산검찰사
④ 무릉 · 자산감세장

 정답 ①

해설 태종은 김인우를 '무릉등처안무사(武陵等處按撫使)'로 임명하여 울릉도에 파견했다.

02 「헌법」상 대통령이 독도에 대해 지는 책무는?

① 보호
② 방호
③ 방위
④ 보전

 정답 ④

해설 대통령은 「헌법」상 영토의 보전 책무가 있다(제66조 제2항). 독도는 한국의 영토이므로 대통령은 독도보전의 책무가 있다.

03 다음 기술 중 틀린 것은?

① 512년 신라의 이사부가 우산국을 정복했다.
② 이로써 신라는 우산국에 대한 역사적 권원을 취득했다.
③ 이 역사적 권원은 대한제국에 와서 "대한제국 칙령 제41호"에 의해 권원이 대체된 것이다.
④ 따라서 신라의 독도에 대한 역사적 권원은 더욱 중요성이 인정되게 되었다.

☆ **정답** ④

 해설 역사적 권원은 현대국제법에 의해 권원의 대체가 되어야 현대국제법상 효력이 있는 것이며, 권원의 대체 후 역사적 권원은 법적으로 실효되게 된다.

04 중첩 배타적 경제수역의 경계획정의 원칙은?

① 등거리 원칙
② 중간선 원칙
③ 형평의 원칙
④ 합리적 원칙

☆ **정답** ③

 해설 중첩 배타적 경제수역의 경계획정은 형평적 해결(equitable solution)의 원칙에 따라야 한다(해양법협약 제74조 제1항).

05 "유엔해양법협약"은 「헌법」상 다음 어떠한 효력이 있나?

① 국제법과 동일한 효력
② 국내법과 동일한 효력
③ 국내법에 우선하는 효력
④ 세계법과 동일한 효력

☆ **정답** ②

 해설 "헌법"은 "헌법에 의해 체결 · 공포된 조약은 국내법과 같은 효력을 가진다"라고 규정하고 있다(제6조 제1항).

06 일본이 서명하지 아니했으나 항복문서에 서명하여 일본에 대해 법적 구속력이 있는 것은?

① 대일평화조약
② 포츠담 선언, 대일평화조약
③ 대일평화조약, 카이로 선언
④ 포츠담 선언, 카이로 선언

☆ **정답** ④

 해설 "포츠담 선언"을 이행한다는"항복문서"에 일본이 서명하여 "포츠담 선언"은 일본에 대해 법적 구속력을 갖게 되고, "포츠담 선언"의 "카이로 선언"의 제 조항을 이행한다는 규정에 의해 "카이로 선언"은 일본에 대해 법적 구속력을 갖게 되었다.

07 1951년 7월 19일 양유찬 주미대사가 미국무성에 보낸 공한에 독도를 어떻게 표기했나?

① Liancourt RK
② TAKE
③ Dokdo Island
④ Dokdo

☆ **정답** ④

 해설 상기 설문의 양 대사의 공한에 독도를 Dokdo로 표기했다.

08 독도(Liancourt RK 등)라는 명문규정이 있는 것은?

① 카이로 선언
② 항복문서
③ 대일평화조약
④ SCAPIN 제677호

☆ **정답** ④

 해설 SCAPIN 제677호 제3항에 독도(Liancourt RK)라는 용어가 있다.

09 다음 설명 중 틀린 것은?

① 한일어업협정은 동해 중간수역을 설정하고 있다.
② 독도는 중간수역 내에 위치하고 있다.
③ 중간수역 내에서 한일 양국은 각기 자국선박과 인원에 대해서만 관할권을 행사할 수 없다.
④ 따라서 독도의 배타적 경제수역은 침해되었다.

 정답 ③

> **해설** 기국주의에 따라 자국의 선박과 인원에 대해서만 관할권을 행사할 수 '있다.'

10 독도에 최초로 주민등록을 한 사람은?

① 최종덕
② 송재욱
③ 황백현
④ 조준기

 정답 ①

> **해설** ① 독도에 최초로 주민등록을 한 사람은 최종덕 씨이다. 그의 주민등록일자는 1981.10.14.이다.
> ② 송재욱 씨는 독도에 최초로 호적을 등재한 사람으로 그의 호적 등재일은 1987.11.2.이다.
> ③ 황백현 씨는 독도유인화운동본부의 의장으로 독도에 1999.11.13. 호적등재를 했다.
> ④ 조준기 씨는 최종덕의 사위로 1992.2.9. 독도에 주민등록을 했다.

11 독도에 최초로 호적을 등재한 사람은?

① 최종덕
② 조준기
③ 송재욱
④ 황백현

 정답 ③

> **해설** 독도에 최초로 호적을 등재한 사람은 송재욱 씨이다. 그의 독도에 호적을 등재한 일자는 1987.11.2.이다. 최종덕은 독도에 최초로 주민등록을 한 사람이다.

12 한일 간의 배타적 경제수역의 경제획정에 있어서 독도의 존재효과에 관해 한일 간에 합의를 본 것은?

① full effect
② half effect
③ zero effect
④ 정답 없음.

 정답 ④

> **해설** 독도의 존재에 관해 한국과 일본은 각기 full effect를 주장하나 합의를 본 것은 없다.

13 태종이 김인우에게 준 관직은?

① 강원도 관찰사
② 무릉등처안무사
③ 무릉등처감세장
④ 무릉도순심경차관

 정답 ②

> **해설** 태종은 김인우를 무릉등처안무사로 임명하고 울릉도에 파견하여 울릉도 주민을 데려오도록 명했다.

14 한일어업협정상 중간수역의 기점은?

① 독도
② 울릉도, 오끼도
③ 오끼도, 독도
④ 울릉도

 정답 ②

> **해설** "한일어업협정"은 한국 측의 울릉도, 일본 측의 오끼도를 기점으로 규정되어 있다. 한국 측에서 울릉도의 35해리 이원에, 그리고 오끼도에서 35해리 이원에 동해 중간수역을 설정했다.

15 Critical Date에서 정하지 않은 경우는?

① 영토주권의 취득
② 영토주권의 확인
③ 영토의 확인
④ 조약의 해석

 정답 ④

> **해설** 조약 해석의 경우와 현상유보 원칙의 적용 경우에는 Critical Date가 정해지지 아니한다.

16 역사적 응고취득의 요건은?

① 증명된 오랜 사용
② 증명된 단기간 사용
③ 증명되지 아니한 오랜 사용
④ 증명되지 아니한 단기간 사용

 정답 ①

> **해설** 역사적 응고취득의 요건을 구비하기 위해서는 '증명된 오랜 사용'을 요한다.

17 오늘의 시점에서 현대국제법상 역사적 권원과 가장 관계있는 것은?

① 권원의 유지
② 권원의 취득
③ 권원의 대체
④ 권원의 상실

 정답 ③

> **해설** 역사적 권원으로 권원은 취득되는 것이므로 역사적 권원은 권원의 취득과 관계있는 것이다. 그러나 오늘의 시점에서 역사적 권원은 현대국제법상 권원으로 대체하지 아니하면 현대국제법상 효력이 없다. 그러므로 오늘의 시점에서 역사적 권원은 권원의 대체와 가장 관계있는 것이다.

18 대일평화조약 제2조 (a)항에 규정이 없는 것은?

① 제주도, 독도
② 제주도, 거문도, 울릉도
③ 거문도, 독도
④ 독도

☆ **정답** ④

 해설 "대일평화조약" 제2조 (a)항에 독도는 규정되어 있지 아니하다.

19 다음 기술 중 틀린 것은?

① 일본의 독도침탈은 제1차적으로 '시마네현 고시 제40호'에 의한 것이고 제2차적으로 "한일합방조약"에 의한 것이다.
② '시마네현 고시 제40호'가 무효이고, "한일합방조약"도 무효이므로 일본의 독도지배는 법적 근거 없는 사실상 불법 지배에 불과한 것이었다.
③ "한일합방조약"은 1965년 "한일기본관계조약"에 의해 무효인 것이 확인되었다.
④ "한일기본관계조약"에 의한 한일합방조약의 무효에 대해 한국 정부는 1948년부터 무효라고 한다.

☆ **정답** ④

 해설 "한일기본관계조약" 제2조에 의한 한일합방조약의 무효에 관해 한국 정부는 1910년부터 무효라고 하고, 일본 정부는 1948년부터 무효라고 주장하고 있다.

20 다음 설명 중 틀린 것은?

① 카이로 선언 – 폭력과 탐욕에 의해 약취한 영토로부터 축출
② 포츠담 선언 – 카이로 선언의 제 조항 인행
③ 항복문서 – 포츠담 선언의 수락
④ SCAPIN 제677호 – 한국의 독립 승인

☆ **정답** ④

 해설 "대일평화조약" 제2조 (a)항에 일본은 한국의 독립을 승인한다고 규정하고 있다.

01 Critical Date란?

① 제소일자
② 제소함의 일자
③ 재판의 기준일자
④ 분쟁이 시작된 일자

☆ **정답** ③

 재판의 기준이 되는 일자를 Critical Date라 한다. Critical Date 이후의 행위에 의한 증거능력 인정되지 아니한다. Critical Date는 당사자 합의로 정할 수 있으며, 당사자 합의로 정할수 없는 경우는 재판소가 이를 정한다. 조약의 해석과 현상유보의 원칙의 적용의 경우는 Critical Date가 정해지지 아니한다.

02 포츠담 선언을 수락한다고 규정한 것은?

① 카이로 선언
② 포츠담 선언
③ 항복문서
④ 대일평화조약

☆ **정답** ③

 "항복문서"는 포츠담 선언의 규정을 성실히 수락할 것을 확인한다고 규정하고 있다.

03 맥아더 라인은 한국 측에서 보아 독도의 어디에 설정되었나?

① 내측에
② 외측에
③ 상에
④ 정답 없다.

 정답 ②

> 해설 맥아더 라인은 일본어선의 어로활동이 허가되는 어로 허가구역의 경계선이다. 이는 독도의 외측에 설정되었다. 이는 연합국이 한국의 독도 영유권을 승인한 의미를 갖는다.

04 독도의 실효적 지배의 필요성은?

① 권원의 변경
② 권원의 취득
③ 권원의 유지
④ 권원의 대체

 정답 ③

> 해설 독도는 한국의 영토이므로 실효적 지배의 필요성은 '권원의 유지'를 위한 것이다.

05 그 명칭을 불문하고 '독도'라는 명문규정이 있는 것은?

① 항복문서
② 한일기본관계조약
③ 대일평화조약
④ SCAPIN 제677호

 정답 ④

> 해설 SCAPIN 제677호 제3항에 독도는 일본의 통치로부터 제외된다는 규정이 있다. ①②③ 어느 규정에도 독도라는 명문규정이 없다.

06 다음 기술 중 틀린 것은?

① 독도의 동단은 동경 131°52′22″이다.
② 대한제국칙령 제41호에는 "울릉전도와 죽도, 석도를 관할할 것"이라고 규정되어 있다.
③ "대한평화조약"에는 독도가 일본의 영토라는 명문규정이 없다.
④ 독도는 평화선 외에, 맥아더 라인 외에 각각 위치하고 있다.

☆ **정답** ④

 해설 독도는 한국 측에서 보아 평화선 내에 위치하고, 맥아더 라인 외에 위치하고 있다.

07 다음 기술 중 틀린 것은?

① 독도와 울릉도 사이에 안용복 해산이 있다.
② 독도 등대는 동도에 있다.
③ 일본은 '시마네현 고시 제40호'로 무주지인 독도를 선점했다고 주장한다.
④ 삼국통람도설에 들어있는 삼국접양도에는 독도와 울릉도가 청색으로 채색되어 있다.

☆ **정답** ④

 해설 삼국통람도설에 들어있는 삼국접양도에는 조선 본토와 같이 울릉도와 독도는 황색으로 채색되어 있다.

08 다음 설명 중 틀린 것은?

① 독도는 약 460만 년 전에 해저화산 폭발로 형성되었다.
② 독도의 우편번호는 799 − 805이다.
③ 독도 유인등대는 동도에 있다.
④ 동도의 동단은 동경 131°51′54″이다.

☆ **정답** ④

 해설 동도의 동단은 동경 131°52′22″이다.

09 다음 설명 중 틀린 것은?

① 동도와 서도 사이에 폭 약 110~160m, 길이 약 330m의 수로가 있다.

② 평화선은 한국 측에서 보아 독도 외측에 설정되어 있다.

③ 인간이 거주할 수 없거나 독자적인 문화활동을 할 수 없는 암석은 배타적 경제수역이나 대륙붕을 가지지 아니한다.

④ 대일평화조약 제2조에는 독도가 한국의 영토라는 명문규정도 일본 영토라는 명문규정도 없다.

☆ **정답** ③

 해설 "인간이 거주할 수 없거나 독자적인 경제활동을 할 수 없는 암석은 배타적 경제수역이나 대륙붕을 가지지 아니한다(해양법협약 제21조 제3항)."

10 뇌헌과 관계있는 것은?

① 이사부의 우산국 정복

② 고려 현종의 울릉도 시혜 정책

③ 대한제국칙령 제41호

④ 안용복의 제2차 도일

☆ **정답** ④

 해설 안용복은 제2차 도일을 위해 송광사 승 뇌헌 등 16인과 같이 울릉도에 갔다.

11 다음 (　　　)를 완성하시오.

"한일기본관계조약" 제2조는 (A)일 및 그 이전에 대한제국과 대일본제국 간에 체결된 모든 조약 및 협정이 (B)임을 확인한다.

① A: 1910.8.22.　　　　B: 1965.6.22.부터 무효

② A: 1910.8.22.　　　　B: 이미 무효

③ A: 1945.8.15.　　　　B: 원초적으로 무효

④ A: 1910.8.22.　　　　B: 1945.8.15.부터 무효

☆ **정답** ②

 해설 "한일기본관계조약" 제2조는 "1910.8.22. 및 그 이전에 대한제국과 대일본제국 간에 체결된 모든 조약 및 협정이 이미 무효임을 확인한다"라고 규정하고 있다. 따라서 1910.8.22. 이래 광복 시까지 일본의 독도 지배는 법적 근거가 없는 불법적 지배였다.

12 "한일합방조약"이 이미 무효라고 규정한 것은?

① 항복문서
② 대일평화조약
③ 평화선 선언
④ 한일기본관계 조약

☆ **정답** ④

 해설 "한일기본관계조약" 제2조의 규정이다.

13 *uti possidetis*의 원칙(현상유보의 원칙)과 관계있는 것은?

① 유엔해양법협약
② 섬의 영유권
③ 평화조약
④ 금반언의 원칙

☆ **정답** ③

 해설 *uti possidetis*의 원칙은 평화조약에 규정이 없는 것은 평화조약이 체결된 당시의 현상대로 효력이 인정된다는 원칙

14 초려잡기(焦慮雜記)와 가장 관계있는 것은?

① 홍순칠
② 암석
③ 안용복
④ 대일평화조약

 정답 ③

> **해설** 초려잡기는 안용복 사건에 관한 일본 측 기록의 하나이다.

15 우릉성(羽陵城)과 관계있는 것은?

① 고려 태조
② 고려 현종
③ 고려 덕종
④ 고려 인조

 정답 ③

> **해설** 고려 덕종은 울릉도를 우릉성이라 개칭하고 성주를 조정에서 임명했다.

16 김인우와 관계있는 것은?

① 무릉도순심경차관
② 강원도관찰사
③ 무릉등처안무사
④ 울릉도감

 정답 ③

> **해설** 태종은 김인우를 무릉등처안무사로 임명하여 울릉도에 파견하고 그의 의견을 들어 쇄환정책을 수립하게 한다.

17 우용정 조사보고서와 관계있는 것은?

① 대한제국칙령 제41호
② 백기주태수의 담판
③ 이사부의 우산국 정복
④ 무릉도순심경차관

 정답 ①

 해설 우용정의 조사보고서에 따라 고종은 "대한제국칙령 제41호"를 제정·공표하게 된다.

18 남회와 관계있는 것은?

① 강원도관찰사
② 무릉도 순심경차관
③ 울릉도 도감
④ 무릉등처안무사

 정답 ②

 해설 세종은 20년에 남회와 조민을 무릉도 순심경차관(武陵島 巡審敬差官)으로 임명하여 울릉도에 파견하였다.

19 다음 기술 중 틀린 것은?

① 자산도는 조선 숙종 때 독도의 명칭이다.
② 은주시청합기에 독도를 죽도(竹島)로 표기하고 있다.
③ 1953년판 『바다와 해양의 경계』에는 동해를 Japan Sea로 표기하고 있다.
④ 독도 등대는 동도에 있고, 경찰 경비 숙소도 동도에 있다.

 정답 ②

 해설 『은주시청합기』에는 독도를 '송도'로 표기하고 있다.

20 광개토대왕릉비 비문에는 동해를 어떻게 표기하고 있나?

① 조선해
② 고구려해
③ 고구려 일본해
④ 동해

 정답 ④

> **해설** 광개토대왕릉비 비문에는 동해를 '동해'라고 표기하고 있다.

21 다음 기술 중 틀린 것은?

① 독도는 460만 년 전에 해중 화산폭발로 생성되었으며, 동도와 서도 이외에 89개 바위섬
으로 형성되어 있으며, 독도 등대와 경찰경비대는 동도에 위치하고 있다. 우리나라의
동단인 동도의 동단은 동경 131°52′22″이다. 독도는 고려시대에는 우산국으로 명명되었
으나, 조선시대에 태종은 우산도로, 숙종은 자산도로, 성종은 삼봉도로, 정조는 가지도
로 각각 명명하였으며, '심흥택 보고서'에는 독도로, '대한제국칙령 제41호'에는 석도로
각각 표기되어 있다. 『은주시청합기』에는 송도로, '시마네현 고시 제40호'에는 죽도(다
케시마)로 각각 표기되어 있다. 독도에는 독도에만 생존하는 특유미생물 Donghaeana−
Dokdonensis가 있다. 독도는 천연기념물(지정종별)로 제336호(지정번호)이며, 천연보호구
역(지정명칭)이다. 그리고 환경부장관 고시로 특정도서로 지정되었다. 모든 국민은 「헌법」
상 독도방위의 의무를 진다.
② 'SCAPIN 제677호'에 의해 독도의 *imperium*만이 일본으로부터 분리되고 *dominium*은 대
일평화조약에 의해 일본으로부터 분리되었다. "한일어업협정"상 동해 중간수역은 울릉
도에서 35해리, 오끼도에서 35해리 밖에 설치되었다.
③ *uti possidetis*의 원칙에 따라 "대일평화조약"에 의해 독도의 영유권에 관해 규정이 없으
므로 동 조약이 체결될 당시의 상태대로('SCAPIN 제677호'에 의해 독도가 분리된 상태)
효력이 인정되며 독도는 일본으로부터 분리된 것이다.
④ 한국은 독도의 영해와 배타적 경제수역에 의해 주권(sovereignty)을 갖는다.

 정답 ④

> **해설** 연안국은 영해, 내해, 접속수역에 대해 주권을 가지나, 배타적 경제수역과 대륙붕에 대해서는 주권적 권리
> (sovereign right)를 갖는다.

PART

02

단답형
서술식 문제와 해설

01 독도가 한국의 영토인 근거를 쓰시오.

 해설   가. 역사적 권원의 취득

512년 신라 이사부 장군의 우산국 정복으로 역사적 권원을 취득했다.

나. 역사적 권원의 대체

1900.10.25. '대한제국칙령 제41호'에 의해 역사적 권원을 현대국제법상 권원으로 권원의 대체를 했다.

다. 현대국제법상 권원

1910.8.22. "한일합방조약"에 의해 대체된 권원은 침탈되어 정지상태에 있었으나 연합국의 제 조치에 의해 일본으로부터 사실상 분리되게 되었다.

1946.1.29. 'SCAPIN 제677호'에 의해 일본의 통치권으로부터 독도배제(영역권, *imperium*)의 분리

1951.9.8. "대일평화조약"에 의해 'SCAPIN 제677호'의 효력승인으로(제19조(d)항) 독도의 영유권 회복(영유권, *dominium*) 취득

Exercise 02 일본 정부의 독도문제의 해결을 위한 기본전략에 관해 쓰시오.

 해설

가. 일본 정부의 기본전략

일본 정부의 기본전략은 독도문제를 국제분쟁화하여 국제사법재판소에 제소하는 것으로 보인다.

나. 일본 정부의 단계적 전략

일본 정부는 기본전략을 추진하기 위하여 다음과 같은 단계적 전략을 수립 · 추진하고 있는 것으로 보인다.

(1) 제1단계(독도문제의 국제분쟁화): 독도영유권문제를 국제분쟁화한다.

(2) 제2단계(유엔안보리에 독도분쟁회부): 독도분쟁을 유엔안보리에 회부한다.

(3) 제3단계(유엔안보리로부터 독도분쟁 국제사법해결 권고 결의 유도): 유엔안보리로부터 독도분쟁을 국제사법재판소에 제소하여 해결하라는 권고결의를 유도한다.

(4) 제4단계(일본 정부의 국제사법재판소에 제소): 일본 정부의 일방적 제소로 한국의 제소에 정치적 압력을 가한다.

다. 한국 정부의 국제사법재판소 제소 반대 이유

(1) 당연히 한국의 영토인 독도의 영유권을 제3자에 의해 확인받아야 할 이유가 없다.

(2) 한국이 승소한다 하더라도 현상유지의 이익밖에 없으며, 패소의 위험성을 배제할 어떠한 확신도 없다.

PART 2

03 한일 간 배타적 경제수역의 경제획정에 관한 기본입장을 쓰시오.

 해설

가. 한일 간 배타적 경제수역의 중첩

   한국과 일본이 모두 각기 200해리 배타적 경제수역을 선포하여 한국의 연안과 일본의 연안 간의 거리가 400해리 미만이므로 당연히 양국의 배타적 경제수역은 중첩된다.

나. 배타적 경제수역의 경계획정 기본입장

   (1) 한국의 기본입장

   　(가) 독도와 오끼도 간의 중간선을 기본으로 한다.

   　(나) 독도의 full effect를 인정한다.

   (2) 일본의 기본입장

   　(가) 독도와 울릉도 간의 중간선을 기본으로 한다(독도가 일본의 영토이므로).

   　(나) 독도의 full effect를 인정한다.

다. 배타적 경제수역의 경계획정문제의 해결을 위한 잠정적 조치

   (1) 한일어업협정의 체결

   　한일 양국은 배타적 경제수역의 경계획정 문제 해결이 어려워서 배타적 경제수역의 경계획정이 합의되기 전까지 잠정적으로 "한일어업협정"을 체결하였다.

   (2) 동해 중간수역의 설정

   　"한일어업협정"은 동해 중간수역[울릉도에서 35해리, 오끼도에서 35해리 이원(以遠)]에 설정했다.

   　(가) 한일 공동수역: 중간수역은 한일 공동수역이다.

   　(나) 기국주의: 한일 양국은 중간수역에서 기국주의가 적용된다. 따라서 한일 양국은 중간수역에서 자국 선박과 자국인에 대해서만 관할권을 갖는다.

   　(다) 추적권의 배제: 중간수역에서 기국주의가 적용되므로 중간수역에서 추적권이 배제된다.

Exercise

04 시마네현 고시 제40호는 유효한가? 무효라면 그 이유를 쓰시오.

해설 가. 시마네현 고시 제40호의 무효: '시마네현 고시 제40호'는 국제법상 무효이다.

나. 시마네현 고시 제40호가 무효인 이유: '시마네현 고시 제40호'가 무효인 이유는 다음과 같다.

일본은 시마네현 고시 제40호로 독도를 선점한 것이라고 주장해 왔다. 그러나 다음과 같은 이유로 동 고시는 국제법상 무효이다.

첫째로, 선점의 대상은 무주지임을 요하는바, '시마네현 고시 제40호'가 고시될 당시 독도는 무주지가 아니라 한국의 영토였다. 이는 '대한제국칙령 제41호'에 의해 명백하다.

둘째로, 선점의 의사는 국가의 대표기관에 의해 표시됨을 요하는바, '시마네현 고시 제40호'를 고시한 시마네현 지사는 국제법상 국가의 대표기관이 아니다. ㅁ

셋째로, 선점은 이해관계국에 통보함을 요하는바, 일본 정부의 한국 정부에 대한 통보는 없었다. 1906년 3월 28일 오기도와 동분조(東文輔: 마즈마분스케)의 울릉군수 심흥택에 대한 통보는 실기(失期)한 통보이고 또 통보자인 동문보는 국가기관이 아니다. 따라서 '시마네현 고시 제40호'는 국제법상 무효이다.

Exercise
05 역사적 권원의 대체에 관해 아는 바를 쓰시오.

 해설

가. 역사적 권원의 대체의 의의

역사적 권원은 현대국제법상 권원으로 대체하지 아니하면 현대국제법상 효력이 없다. 그러므로 역사적 권원을 현대국제법상 권원으로 변경하는 것을 권원의 대체라 한다.

권원의 대체를 위해 실효적인 지배가 요구된다. 이를 권원의 대체를 위한 실효적 지배라 한다.

나. 독도의 역사적 권원의 대체

(1) 역사적 권원의 취득

신라 지증왕 13년(512년) 이사부의 우산국 정복에 의한 신라의 독도영유권 취득으로 신라는 역사적 권원을 취득했다.

(2) 역사적 권원의 대체

신라에 의해 취득된 독도의 역사적 권원은 고려시대에도 그대로 승계되어 고려는 독도에 대한 역사적 권원을 승계취득했다. 이 역사적 권원은 조선시대에도 그대로 승계되었다.

대한제국에 와서 고종은 '대한제국칙령 제41호'를 공포하여 한국의 독도에 대한 역사적 권원은 '현대국제법상 권원'으로 대체되게 되었다. 불행하게도 1910년 "한일합방조약"에 의해 대체된 현대국제법상 권원은 정지되었다가 1945년에 이르러 연합국에 의해 정지되었던 권원을 회복했다.

주요 암기사항
요약표

표1 독도의 생성과 구성

독도의 생성	해중 화산폭발로 생성	
	460만 년 전	울릉도 : 250만 년 전
		제주도 : 120만 년 전
독도의 구성	동도	
	서도	
	89개의 바위섬	

표2 독도의 해저 지형

독도봉우리	수면하 약 2,000m		
	하부지름 약 20∼25km		
독도 해산	독도와 울릉도 사이	안용복 해산	제1독도 해산
	독도 동남쪽 15km	심흥택 해산	제2독도 해산
	독도 동남쪽 50km	이사부 해산	제3독도 해산

표3 독도의 위치, 면적, 높이 등

위치	동도: 북위 37°14′26.8″, 동경 131°52′10.4″ 서도: 북위 37°14′30.6″, 동경 131°51′54.6″
면적	동도: 73,297㎡ 서도: 88,638㎡ 부속도서: 25,517㎡ 총계: 187,452㎡(약 56,416평)
높이	동도: 98.6m 서도: 168.5m 울릉도 선인봉: 983m
둘레	동도: 2.8km 서도: 2.6km
거리	독도－울릉도: 87.4km 독도－죽변(경상북도, 울진): 2,216.8km 독도－은기(오끼)도: 157.5km 죽변－울릉도: 130.3km
동도와 서도 간의 물길	너비: 110∼160m 길이: 330m

표4 동도와 서도에 위치한 것들

	동도	서도
시설물 등	경찰경비대 독도등대 독도선착장 천장굴 독도 이사부길 98.6 고지 한국의 동단＝동도의 동단: 131°52′22″	주민숙소 물골 독도 안용복길 168.5 고지
바위	한반도바위 물오리바위 독립문바위 얼굴바위 탱크바위 동키바위 부채바위 숫돌바위 닭바위 권총바위	삼형제굴바위 촛발바위 미역바위 촛대바위 코끼리바위 보찰바위 넙덕바위 군함바위 상장군바위 지네바위 김바위 탕건봉

표5 독도의 기후와 동식물

기후			해양성 기후	
			연평균 12℃	
동물	조류	139종	괭이 갈매기 1만여 마리	
	고충	93종		
식물		60종	해국, 사철나무	
계		292종		
독도에만 서식하는 특이 미생물			미생물 발견: 2005년	
			미생물명: 동해아나－독도넨시스 　　　　　(Dongharana－Dokdonensis)	

표6 **독도의 거주인원**

	최종덕 ① 어로활동: 1965.3.부터 울릉도 주민으로, 도동어촌계 1종 공동어장 수산물 채취를 위해 독도에 거주하면서 어로활동을 했다. ② 시설물 건립: 1968.5. 시설물을 건축했다. ③ 주민등록등재: 1981.10.14. 최초로 독도(당시 주민등록지: 경상북도 울릉군 울릉읍 도동리 산 67번지)에 주민등록을 했다. ④ 사망: 1987.9.23. 사망할 때까지 독도에 거주했다.
	조준기 ① 최종덕의 사위: 최종덕의 사위로 장인의 뜻을 이어 부인과 같이 독도에 거주했다. ② 주민등록전입: 1991.2.9. 최종덕의 뒤를 이어 독도(당시 주민등록지: 경상북도 울릉군 울릉읍 도동 산 63번지)에 주민등록을 했다. ③ 주민등록 전출: 1994.3.31. 강원도 동해시로 전출했다.
	김성도 ① 주민등록전입: 1991.11.17. 부인 김신열과 함께 독도에 주민등록을 했다. ② 매년 어로활동: 매년 11월부터 5월까지 어로활동을 위해 거주해 왔다. ③ 불거주: 1997.11. 이후 거주하지 않고 있다.
호적자	**송재욱** ① 최초로 독도에 호적을 옮겼으며 가족은 호주를 포함하여 5인이다. ② 최초의 호적 등재일은 1987.11.2.이다. ③ 최초의 호적지는 최초 등재일 당시 독도리 산 30번지이다.
	황백현 ① 1999년 일본인의 독도 호적 등재 보도 이후 독도유인화운동 본부가 결성되었다. ② 위 운동본부 의장 황백현이 독도에 호적을 옮겼으며, 가족은 호주를 포함하여 6인이다. ③ 호적 등재일은 1999.11.3.이다. ④ 호적지는 독도리 산 30번지이다. ⑤ 그 이후 100여 가구 400여 가족이 독도에 호적을 옮겼다.
독도경비대원과 독도등대요원	독도 경비대원: 41명(2개월마다 41명씩 교대근무)
	독도 등대요원: 6명(3명씩 2교대 근무)

 표7 **독도의 행정구역과 우편번호**

행정구역	경상북도 울릉군 울릉읍 독도리 1~96번지
우편번호	799－805

표8 **독도의 천연보호구역과 특정도서**

천연보호구역	① 1982.11.4.: 「문화재보호법」에 의거 천연기념물(지정종별) 제336호(지정번호) 독도해조류번식지(지정명칭)로 지정
	② 1997.12.10.: 「문화재보호법」에 의거 '문화재청고시 제1999-25호'로 지정, 명칭만을 '독도천연보호구역'으로 변경했다. 따라서 독도는 현재 천연기념물(지정종별) 제336호(지정번호) 독도천연보호구역(지정명칭)이다.
특정도서	2000.9.5. 환경부장관은 「독도 등 도서지역의 생태보전에 관한 특별법」 제4조에 의거 독도를 '특정도서'로 지정했다.

 표9 **조선시대 독도의 명칭**

명칭	시대	내용
우산도(于山島)	태종	『태종실록』(1417년)에 최초로 우산도라는 명칭이 보인다. 자산도(子山島), 천산도(千山島), 방산도(方山島), 간산도(千山島) 등으로도 표기하는데 이는 '于(우)' 자를 비슷한 다른 한자로 잘못 베껴서 빚어진 현상으로 보인다.
삼봉도(三峯島)	성종	조선 성종 때 삼봉도라는 섬이 따로 있다는 보고가 올라온 적이 있다. 조사해 보니, 이 섬은 울릉도를 가리키거나 독도를 가리키는 경우가 종종 있었다. 세 개의 봉우리가 보인다고 해서 삼봉도라 불렀으나 울릉도 역시 봉우리가 세 개로 보이기도 한다.
가지도 (可之島, 可支島)	정조	조선 정조 때 독도에 가지어(嘉支魚: 강치)라는 물고기가 발견되었다고 해서 가지도(可支島)라고도 불렸다. '가지'의 한자가 다른 것은 우리말 가제를 한자로 표기하는 과정에서 달라진 것으로 보인다.
석도(石島, 돌섬, 독섬)	고종	1990년 대한제국칙령 제41호에 보이는 호칭으로 석도(石島)를 우리말로 풀어 쓰면 '돌섬'이다. '돌'을 '독'이라고 하므로 '독섬'이라고도 불렸다. 다시 이를 한자로 적는 과정에서 독섬의 '독' 자가 독(獨)이 되어 독도(獨島)가 되었다.
독도(獨島)	고종	일본 기록에는 1904년에 나오지만 우리나라 문헌에는 1906년 심흥택의 보고서에서 처음 보인다. 이것이 우리 정부의 최초의 공식적인 명칭이다. 현재 독도의 로마자 표기는 'Dokdo'이다.

표10 동해의 명칭

표기	근거	비고
동해	삼국사기(고려본기 동명성왕조) 광개토왕 왕릉비비문 팔도총도 아국총도	
일본해	1929년 『바다와 해양의 경계』 1937년 『바다와 해양의 경계』 1953년 『바다와 해양의 경계』	『바다와 해양의 경계』는 국제수로기구(IHO)가 간행하는 바다의 지명에 관한 책 IHO에 한국은 1957년에 가입
동해/일본해 (East Sea/Japan Sea)	1992년 유엔지명 표준화회의에서 한국의 제의 대다수 국가가 발행한 세계지도	유엔지명 표준화위원회 한국 1979년에 가입

표11 근세 이전의 독도 연대기

연도(시대)	내용
512년(신라 지증왕 13년)	이사부가 우산국을 복속, 역사적 권원의 취득
⋮	⋮
1018년(고려 현종 9년)	여진족 침략으로 우산국이 황폐해지자 고려 조정에서 농기구 하사
⋮	⋮
1407년(조선 태종 7년)	무릉도 거주민에게 육지로 나올 것을 하명, 쇄환정책 수립
1454년(조선 단종 2년)	『세종실록』 「지리지」에 우산과 무릉 두 섬은 날씨가 맑으면 바라다볼 수 있다고 기록
1531년(조선 중종 26년)	『신종 동국여지승람』에 우산과 무릉 두 섬에 대해 기록
⋮	⋮
1693년(조선 숙종 19년)	경상도와 전라도 어부들이 울릉도에 갔다가 안용복과 박어둔이 일본인 어부들에게 피랍, 이를 계기로 조선과 일본 사이에 울릉도 분쟁 시작 일본 관헌이 독도는 한국의 땅이라는 서계를 써 줌.
1696년(조선 숙종 22년)	안용복이 울릉도에서 일본인을 만나 울릉도와 함께 송도(자산도)는 조선 땅이라는 것을 밝히고 도주하는 일본인을 쫓아 일본으로 건너감.
1697년(조선 숙종 23년)	일본 막부는 울릉도가 조선 땅이라는 사실을 인정하고 일본인의 왕래를 금지함. 조선 정부는 정기적인 울릉도 순찰을 결정

표12 ## 한국의 독도영유권의 한국 측 역사적 근거

연도	사료명(저자)	내용
512년	『삼국사기』 신라본기	지증왕 13년 6월에 우산국이 신라에 항복하고 매년 토산물을 공물로 바쳤다. 우산국은 명주의 정동 쪽 바다에 있는 섬으로 울릉도라고도 한다.
1451년	『고려사』 '지리지'	우산과 무릉은 본래 다른 섬으로 서로의 거리가 멀지 않아 날씨가 맑으면 바라볼 수 있다고 하였다.
1454년	『세종실록』 '지리지'	두 섬은 서로의 거리가 멀지 않아 날씨가 맑으면 바라볼 수 있다. 신라 때에는 우산국이라 칭했다.
1531년	『신증 동국여지승람』	두 섬은 현의 정동쪽 바다에 있다. ……날씨가 맑으면 봉우리 위의 수목과 산 밑의 모래톱을 또렷이 볼 수 있으며…….
1696년 이후	『울릉도』(박세당)	우산도는 지세가 낮아 날씨가 매우 맑지 않거나 가장 높은 곳에 오르지 않으면 보이지 않는다.
1756년	『강계고』(신경준)	여러 도지를 상고하면 두 섬이다. 하나는 왜가 말하는 송도라고 했으니 대체로 두 섬은 모두 우산국이다.
1770년	『동국문헌비고』	『여지지』에 이르기를, "울릉과 우산은 모두 우산국 땅인데, 우산은 바로 왜인들이 말하는 송도이다"라고 하였다.
1808년	『만기요람』	『여지지』에 이르기를, "울릉과 우산은 모두 우산국 땅인데, 우산은 바로 왜인들이 말하는 송도이다"라고 하였다.
1908년	『증보 문헌비고』	『여지지』에 이르기를, "울릉과 우산은 모두 우산국 땅인데, 우산은 바로 왜인들이 말하는 송도이다"라고 하였다.

 표13 ## 독도를 조선의 영토로 인정하는 한국의 고지도

개설	① 독도를 일본의 영토로 표기한 한국지도는 없다. ② 독도를 한국의 영토로 표기한 일본지도는 있다. ③ 독도를 울릉도의 서쪽에 표기한 지도는 울진에서 항해를 시작할 경우 해류의 관계로 독도를 거쳐 울릉도에 도달하는 데서 오는 오류인 것 같다.	
독도를 한국의 영토로 표시한 고지도	동국지도	① 동국지도는 1700년대 초에 정상기가 제작한 지도이다. ② 독도를 울릉도의 동쪽에 표기하고 있다. 이 지도 이후 독도의 위치가 울릉도의 동쪽으로 바로잡히게 되었다.
	여지도	① 여지도는 18세기 말에 제작된 지도이다. ② 독도가 울릉도의 동쪽에 표기되어 있다.
	동국전도	① 동국전도는 19세기 전반에 제작된 지도이다. ② 독도를 울릉도의 동쪽에 표기하고 있다.
	조선전도	① 조선전도는 19세기 후반에 제작된 지도이다. ② 독도를 울릉도의 동쪽에 표기하고 있다.

독도를 한국의 영토로 표시한 고지도	청구도	① 청구도는 김정호가 제작한 지도로 대동여지도의 기초가 된 지도이다. ② 독도를 울릉도의 동쪽에 표기하고 있다
	대동여지도	① 대동여지도는 김정호가 1864년에 제작한 지도이다. ② 독도가 표기되어 있지 아니하나, 판각을 하기 위해 준비작업으로 그린 필사본에는 우산(독도)이 표기되어 있다. 우산도가 판각의 범위를 넘어 판각에서 우산이 누락된 것으로 본다.

표14 독도를 조선의 영토로 인정한 일본 측 고문서와 고지도

고문서	은주시청합기	① 1667년 운주의 관리인 재등풍선(사이토 호센)이 번주의 명에 따라 은기도(오끼시마)를 순시한 다음 그가 순시 시 견문한 바를 보고서로 작성하여 제출하였다. ② 동 보고서가 『은주시청합기』이다. 이를 은주시청공기라고도 한다. ③ 동 보고서에는 "따라서 일본의 서북쪽 경계는 이주(오끼시마)를 경계로 한다"라고 기록되어 있다. 따라서 독도는 일본의 경계 외에 있음을 인정하고 있다.
	조선국교제시말내탐서	① 1869년 일본 외무성은 3인의 외무성 관리를 조선에 파견하여 조선의 사정을 탐사하도록 하면서 "죽도(울릉도)와 송도(독도)가 조선의 부속으로 되어 있는 전말"까지 조사하도록 지시했다. ② 외무성 관리는 1876년에 조사결과를 보고서로 작성하여 외무성에 제출했다. 동 보고서가 『조선국교제시말내탐서』이다. ③ 동 내탐서에 "송도의 건에 관해서는 지금까지 게재된 서류가 없다"라고 기록되어 있다. 송도가 일본의 영토라고 게재된 서류가 없다는 것은 송도는 일본의 영토가 아니라는 것을 의미한다.
	태정관의 지령문	① 1876.10.16. 일본 내무성은 지적조사와 지도편찬 작업을 진행 중이던 시마네현으로부터 죽도(울릉도)와 송도(독도)를 시마네현의 관할에 포함시킬 것인가의 질의서를 받았다. ② 내무성은 동 질의서의 부속 문서와 17세기 말 조일 간의 왕복문서를 검토하고 죽도와 송도는 조선의 영토라는 결론을 내렸다. ③ 1877.3.17. 내무성은 태정관에게 죽도의 지적 편찬에 관한 질의서를 제출했다. ④ 1877.3.29. 태정관은 이에 관한 지령문을 내무성에 하달했다. 동 지령문에는 "죽도 외 1도의 건에 대하여 일본은 관계가 없다는 것을 명심할 것"이라고 기록되어 있었다. 죽도 외 1도는 송도(독도)를 뜻하는 것으로 송도는 일본과 관계없다는 것은 독도는 조선의 영토임을 태정관이 인정한 것이다.

고지도	일본여지로정전도	① 일본여지로정전도는 1773년 장구보적수(나가꾸보세끼 수이)가 제작한 일본지도이다. ② 동 지도는 최초로 위도와 경도를 기입한 지도이다. ③ 울릉도는 죽도로, 독도는 송도로 각각 표기하고, 일본 영토는 착색했으나 울릉도와 독도는 착색하지 아니하여 울릉도와 독도는 일본의 영토가 아님을 표시했다.
	삼국접양도	① 삼국접양도는 1785년 임자평(하야시 시헤이)이 저술한 삼국통람도설에 들어 있는 지도이다. ② 동 지도는 일본영토는 적색으로, 조선영토는 황색으로 각각 착색하고 있다. 울릉도와 독도는 황색으로 착색하여 조선의 영토임을 표시하고 있다.
	삼국총도	① 삼국총도는 1785년 임자평이 저술한 삼국통합도에 들어 있는 지도이다. ② 동 지도는 동해 가운데 2개의 섬을 그려 넣고, 그중 큰 섬은 죽도로 표기하고, 이 큰 섬과 작은 섬을 모두 조선의 영토로 명기하고 있다.
	일본변계도	① 일본변계도는 1809년 고교경보(다까하시 가게가즈)가 제작한 지도이다. ② 동 지도는 서양의 지도제작법에 따라 제작한 지도로 세계지도와 함께 간행되었다. ③ 동 지도는 울릉도와 독도를 한반도 쪽으로 붙여 그리고, 동해를 조선해로 표기하고 있어 독도를 조선의 영토로 보고 있는 것으로 인정된다.
	일본부현전도	① 일본부현전도는 1872년 내전보제(우찌나 신사이)가 제작한 일본지도이다. ② 동 지도는 울릉도와 독도를 일본열도와 다른 색으로 착색하여 울릉도와 독도가 일본의 영토가 아님을 표시하고 있다.
	일본국전도	① 일본국전도는 1891년 대교신태랑(오하시 신따로)이 제작한 일본지도이다. ② 동 지도는 일본열도는 착색했으나 울릉도와 독도는 착색하지 아니하여 울릉도와 독도가 일본의 영토가 아님을 표시하고 있다.
	기타지도	① 1882년의 조선도전도 ② 1886년의 조선국지전도 ③ 1891년 일본국전도 ④ 1892년의 일본제국지도 등

표15 **시마네현 고시 제40호**

일본의 독도 침탈	침략의 제1거점	
	이중적 침탈	시마네현 고시 제40호
		한일합방조약
고시경위	1904.9.29.: 중정양삼랑(中井養三郎, 나까이 요오사브로)의 대하원	
	1905.1.28.: 각의의 결정	
	1905.2.22.: 현 고시 제40호	
내용	죽도를 시마네현 소속 은기도사의 소관으로 한다. 1905.5.17. 토지대장 기입	
통보	① 1906.3.28.: 시마네현 오끼도사 동문보(東文輔, 아즈마 후미스케)와 그 일 행이 울릉군수 심흥택에 구두 통보 ② 1906.3.29.: 심흥택 강원도 관찰사 이명례에게 보고	
선점요건	선점의 대상을 무주지임을 요하나, 독도는 당시 한국의 영토였다. 국가기관에 의한 선점 의사의 표시를 요하는바, 오끼도사는 국가기관이 아니었 다.	
효과	선점의 요건 불비로 국제법상 무효	

표16 **독도의 일본으로부터 분리 과정**

과정명	시행일	행사국	주요내용
카이로 선언	1943.12.1	미, 영, 중	① 적절한 과정을 거쳐 한국의 독립 ② 일본을 폭력과 탐욕에 의해 약취한 영토로부터 축출
포츠담 선언	1945.7.26	미, 영, 중, 소	카이로 선언의 제 조항 이행
항복문서	1945.9.2	일, 미, 영, 중, 소	포츠담 선언의 수락
SCAPIN 제677호	1946.1.29	연합군최고 사령관	울릉도, 독도, 제주도 일본의 통치로부 터 제외(제3항)
SCAPIN 제1033호	1946.6.22	연합군최고 사령관	일본 선박과 국민의 독도 12해리 이내 접근 금지
대일평화조약	1951.9.8	48개 연합국, 일본	일본은 한국의 독립을 승인하고 제주도, 거문도, 울릉도를 포함한 한국의 권리, 권원 및 청구권을 포기한다(제2조 (a) 항).

표17 연합군최고 사령관 훈령 제677호

하달	1946년 1월 29일 연합국 최고사령관은 '항복 후 조기기본지침'에 따라 "항복문서"를 시행하기 위해 '연합군최고사령관 훈령 제677호'(Supreme Commander for Allied Powers Instruction No.677: SCAPIN No.677)를 일본 정부에 하달했다.
내용	일본의 통치권으로부터 제외되는 영토로 제주도, 울릉도, 독도를 열거하고 있다.
법적효력	① 동 훈령은 "항복문서"의 시행조치로서 "항복문서"와 같이 일본에 대해 법적 구속력을 갖는다. ② 동 훈령에 의해 독도는 한반도와 같이 일본으로부터 분리되었다(*imperium*의 분리).

 표18 평화선 선언

선언	① 1952.1.18. 한국 정부는 국무원고시 제14호로 "인접해양의 주권에 관한 대통령 선언"으로 '평화선'(이라인)을 선언했다. ② 이는 1945.9.28. 미국 트루먼 대통령의 "공해의 특정수역에 있어서의 연안어업에 관한 선언"과 이에 따른 남미 제국의 해양주권 선언의 선례에 따른 것이고, 한국전쟁기간 맥아더 라인을 침범하는 일본 어선의 격증으로 인한 남획으로부터 어족자원을 보전하기 위한 것이었다.
내용	대륙붕과 어업보존수역설정 ① 동 선언은 '한반도'와 그 부속도서의 해안에 인접한 '대륙붕'과 '어업보존수역'을 설정했다. ② 동 선언은 대륙붕과 어업보존수역에 관한 국가주권을 '보존하며' 또 '행사하는' 것을 선언한 것이다. 공해상의 자유항행권 보장 ① 동 선언은 공해상의 자유항행권을 방해하지 아니함을 선언했다. ② 동 선언은 동 선언이 설정한 '인접해양'의 상부 수역의 공해로서의 법적 지위를 부정하지 아니했다. '인접해양' 내에 독도 위치 ① 인접해양의 경계선(평화선)은 한반도와 그 부속표시의 해안으로부터 20해리 내지 200해리에 이르고 있다. ② 독도의 해안 외측에 평화선이 설정되었다. ③ 즉 평화선의 동쪽 끝을 북위 38° 동경 132°50′으로 함으로써 북위 33°1′18″ 동경 131°52′22″에 위치한 독도를 인접해양 내에 포함시키고 있다.

표19 **대일평화조약**

서명	① 1951.9.8. 샌프란시스코에서 48개 연합국과 일본 간에 "대일평화조약"(The Peace Treaty with Japan)이 서명되었다. 동 조약은 1952.4.28. 효력이 발생했다. ② 한국은 동 조약의 당사자가 아니다.
내용	동 조약 제2조는 "일본은 한국의 독립을 승인하고 제주도, 거문도 및 울릉도를 포함하는 한국에 대한 모든 권리, 권원 및 청구권을 포기한다"라고 규정하고 있다.
	동 조에 독도에 관해서는 아무런 명문규정이 없다. 즉 일본의 영토라는 규정도 한국의 영토라는 규정도 없다. 이에 관해 한국 정부의 견해와 일본 정부의 견해가 대립되어 있다. ① 한국 정부의 견해: 독도에 관해 아무런 규정이 없으므로 'SCAPIN 제677호'에 따라 독도가 분리된 상태로 그대로 인정되게 되었다(*dominium*의 분리). ② 일본 정부의 견해: 독도가 분리된다는 규정이 없으므로 독도는 분리된 것이 아니다.
효력	① 동 조약은 48개 연합국과 일본이 서명했으므로 이들 간에 법적 구속력이 있음은 물론이다. ② 한국은 동 조약의 당사자는 아니나 제21조의 "……한국은 본 조약의 제2조, 제4조, 제9조 및 제21조의 이익을 향유할 권리를 가진다"는 규정에 의거, 상기 제2조의 이익을 향유할 권리를 가진다.

표20 **독도와 대한민국 헌법**

대한민국 영토	헌법 제3조는 "대한민국의 영토는 한반도와 그 부속 도서로 한다"라고 규정하고 있다. 이 규정 중 '부속도서'에 독도가 포함됨은 물론이다. 따라서 독도가 대한민국의 영토임을 헌법이 선언하고 있다.
국군의 사명	헌법 제5조 제2항은 "국군은 국가의 안전보장과 국토방위의 신성한 의무를 수행함을 사명으로 하며, 그 정치적 중립성은 보장된다"라고 규정하고 있다. 이 규정 중 '국토방위'에 독도방위가 포함됨은 물론이다. 따라서 국군은 독도방위의 의무를 진다.
국민의 의무	헌법 제39조 제1항은 "모든 국민은 법률이 정하는 바에 의하여 국토방위의 의무를 진다"라고 규정하고 있다. 이 규정 중 '국토방위'에 독도방위가 포함됨은 물론이다. 따라서 모든 국민의 독도방위의 의무를 진다.
대통령의 책무	헌법 제66조 제2항은 "대통령은 국가의 독립, 영토의 보전, 국가의 계속성과 헌법을 수호할 책무를 진다"라고 규정하고 있다. 이 규정 중 '영토의 보전'에 독도의 보전이 포함됨은 물론이다. 따라서 대통령은 독도 보전의 책무를 진다.
국제조약의 국내법 효력	헌법 제6조 제1항은 "헌법에 의하여 체결 공포된 조약과 일반적으로 승인된 국제법규는 국내법과 같은 효력을 가진다"라고 규정하고 있다. 이 규정 중 '체결 공포된 조약'에 "유엔헌장", "유엔해양법협약", "한일어업협정", "한일기본관계조약", "조약법 협약" 등이 포함됨은 물론이다. 따라서 영토 주권에 관한 상기 조약은 독도에 국내법과 같이 적용된다.

표21 독도의 영해

한국의 영해와 그 범위	1977.12.31. 법률 제3037호로 「영해 및 접속수역법」이 제정 · 공포되었다. 동 법은 영해의 범위를 12해리로 규정하고 있다(제1조). 다만, 대통령령으로 정하는 수역에 있어서는 12해리 이내에서 영해의 범위를 따로 정할 수 있다(제2조).
독도의 영해	「영해 및 접속수역법」의 규정에 따라 독도의 영해도 12해리로 규정되었다(제1조). 동법 시행령으로 정하는 수역에 독도는 포함되어 있지 아니하다. 따라서 독도는 12해리의 영해를 갖는다. 대한해협의 수역에서 영해의 범위는 3해리로 정해져 있다(시행령 제3조).

표22 독도의 배타적 경제수역

한국의 배타적 경제수역	배타적 경제수역의 설정	1996.8.8. 법률 제5151호로 「배타적 경제수역법」을 제정 · 공포하여 한국은 배타적 경제수역을 설정했다.
	중첩 배타적 경제수역의 경계	동법은 "중첩 배타적 경제수역의 경계는 관계국과의 합의로 획정한다"라고 규정하고 있다(제2조). 따라서 일본, 중국, 러시아의 배타적 경제수역의 경계는 이들 국가와의 합의로 획정하게 된다.
독도의 배타적 경제수역		동법이 독도는 배타적 경제수역을 가지지 아니한다는 특별규정을 동법에 두고 있지 아니하므로 독도의 배타적 경제수역도 동법에 의해 200해리로 설정된 것이다. 다만, 독도가 "해양법협약" 제121조 제3항의 암석이라면 독도는 배타적 경제수역을 갖지 아니하는 것으로 된다. 동법은 "해양법협약의 규정에 맞추어 설정한다"고 규정하고(제1조 전단) 있기 때문이다. 독도가 "해양법협약" 제121조 제3항의 암석이 아님은 물론이다.
독도의 한일어업협정상 배타적 경제수역		"한일어업협정"은 동해 중간수역을 설정하고 그 중간수역 내에 독도를 위치시키고 있다. 동 협정상 중간수역 내에서 일본의 어업권 등이 인정되어 있으므로 동 협정에 의해 한국의 전속적인 독도의 배타적 경제수역은 침해되어 있다.
한일간 중첩배타적 경제수역의 경계 획정		공평한 원칙에 따른 해결(equitable solution) 독도의 존재가 특수사정으로 인정돼서 전부효과(full effect)가 인정되어야 한다.

표23 섬의 법적 지위와 독도의 법적 지위

섬의 법적 지위	일반적인 섬	일반적인 섬, 즉 암석이 아닌 섬의 법적 지위에 관여하는 "해양법협약" 제121조 제2항은 "제3항에 규정된 경우를 제외하고는 섬의 영해, 접속수역, 배타적 경제수역 및 대륙붕은 다른 영토에 적용 가능한 이 협약의 규정에 따라 결정한다"라고 규정하고 있다. 따라서 섬은 12해리의 영해, 24해리의 접속수역, 200해리의 배타적 경제수역과 대륙붕을 갖는다.
	암석인 섬	암석인 섬, 즉 일반적인 섬이 아니라 인간이 거주할 수 없거나 독자적인 경제활동을 유지할 수 없는 암석의 법적 지위에 관여하는 "해양법협약" 제121조 제3항은 "인간이 거주할 수 없거나 독자적인 경제활동을 유지할 수 없는 암석은 배타적 경제수역이나 대륙붕을 가지지 아니한다"라고 규정하고 있다. 따라서 암석인 섬은 12해리의 영해, 24해리의 접속수역을 가지나, 200해리의 배타적 경제수역과 대륙붕을 가지지 아니한다.
독도의 법적 지위	일반적인 섬으로서의 지위	전술한 바와 같이 독도는 일반적인 섬이다. 따라서 "해양법협약" 제121조 제2항의 규정에 따라 독도는 그 자체의 12해리의 영해, 24해리의 접속수역, 200해리의 배타적 경제수역과 대륙붕을 갖는다.
	비 암석으로서의 지위	전술한 바와 같이 독도는 암석인 섬이 아니라, 일반적인 섬인 것이다.

표24 독도의 실효적 지배법률

법률명	제 정	구 성	목 적
문화재보호법	1984.12.31. 법률 제8387호	94조 부칙	문화재를 보존하여 이를 활용함으로써 국민의 문화적 향상을 도모함과 아울러 인류문화의 발전에 기여
독도 등 도서지역의 생태보전에 관한 특별법	1997.12.13. 법률 제5447호	16조 부칙	특정도서의 다양한 자연생태계 지형 또는 지질 등을 비롯한 자연환경의 보전에 관한 기본적 사항을 정함으로써 현재와 장래의 국민 모두가 깨끗한 자연환경 속에서 건강하고 쾌적한 생활을 할 수 있도록 함.
독도의 지속가능한 이용에 관한 법률	2005.5.18. 법률 제4797호	11조 부칙	독도와 독도 주변의 생태계 보존 및 해양수산자원의 합리적인 관리·사용 방안을 정함으로써 독도와 독도 주변 해역의 지속 가능한 이용에 이바지함.

표25 독도 관련 주요 규범의 제 규정

대한제국 획정 제41조 1900.10.25.	군청위치는 대하동으로 정하고 구역은 울릉전도와 죽도, 석도를 관할한다(제2조).
시마네현 제40호 1905. 2. 22.	은기도와의 거리 서북 85리에 달하는 도서를 죽도라고 칭하고 자금 본현 소관 은기도사의 소관으로 정한다.
대일평화조약 1951. 9. 8.	일본은 한국의 독립을 승인하고, 제주도, 거문도 및 울릉도를 포함하는 한국에 대한 권리·권한·청구권을 포기한다(제2조 (a)항).
한일기본관계에 관한 조약 1965. 6. 22.	1910년 8월 22일 및 그 이전에 대한제국과 대일본제국 간에 체결된 모든 조약 및 협정이 이미 무효임을 확인한다(제2조).
유엔해양법협약 1982.12. 채택, 1994.11. 발효	① 섬이라 함은 바닷물로 둘러싸여 있으며, 밀물 때에도 수면 위에 있는 자연적으로 형성된 육지를 말한다. ② 제3항에 규정된 경우를 제외하고는 섬은 영해, 접속수역, 배타적 경제수역 및 대륙붕은 다른 영토에 적용 가능한 이 협약의 규정에 따라 결정한다. ③ 인간이 거주할 수 없거나 독자적인 경제활동을 할 수 없는 암석은 배타적 경제수역이나 대륙붕을 갖지 않는다(제121조).

 표26 동해 중간수역

설정	"한일어업협정" 제9조에 의거 설정 독도 주변에 설정 독도의 배타적 경제수역, 대륙붕 포함, 영해 제외
관할	어업 등에 관해 양국이 공동 관할 기국주의로 한일 양국이 각각 자국의 선박과 국민에 대해서만 관할
조치	"한일어업협정"이 한일 간 배타적 경제수역의 경계획정에 합의할 때까지만 존속하므로 중간수역도 잠정적인 것
단점	독도 주위에 설치됨으로 독도가 한일 간 분쟁지역임을 묵시적으로 승인. 기국주의의 결과 추적권의 배제 독도의 배타적 경제수역에 일본 어선의 어획 인정 일본의 독도 주변 수역의 실효적 지배 승인

표27 **한국의 독도영유권에 공헌한 역사 속 인물**

성명	활약
이사부	신라의 이사부는 성이 김씨요, 내물왕의 4대손으로, 일명 대종이라고도 한다. 지증왕 13년(512)에 이사부는 하슬라주(지금의 강릉지역) 군주가 되어 우산국의 복속을 계획하여, 목사자를 전선에 싣고 우산국에 가 우산국 백성들이 두려움에 항복해 신라에 복속되도록 하였다. 당시 우산국은 울릉도와 독도로 구성된 소국이었다. 이사부는 독도가 울릉도와 함께 우산국의 영토로서 6세기 이래 우리의 영토라는 역사적 근거를 확립하였다. 즉 우리나라의 역사적 권원을 획득했다.
안용복	안용복은 조선 숙종 때의 부산 동래 사람이다. 그는 1693년에 일본에 납치되었으며, 1696년에는 도일하여 일본 어민들이 울릉도에서 불법으로 조업하는 것을 문책하면서 담판을 벌였다. 안용복의 활동을 계기로 일본 정부는 일본인들이 더 이상 울릉도 지역에서 어업하는 것을 금지하는 울릉도 도해 금지 명령을 내렸으며, 일본의 관헌으로부터 울릉도와 독도가 조선의 영토라는 서계를 받아 왔다. 안용복은 일본이 울릉도와 독도를 조선의 영토로 인정하는 데 중요한 역할을 담당하고 큰 공헌을 했다.
심흥택	1855년에 태어난 심흥택은 1903년부터 약 3년여간 제2대 울릉군수로 재직했다. 심흥택은 1906.3.28.에 울릉도로 찾아온 시마네현 지사와 관리들에게서 '시마네현 고시 제40호'로 일본이 독도를 자국 영토로 편입했다는 말을 듣고, 다음 날 즉시 강원도 관찰사 이명래에게 그 사실을 보고하였다. 심흥택의 보고서에서 '독도'라는 공식 명칭이 최초로 사용되게 되었다. 시마네현 지사의 통고는 '시마네현 고시 제40호'가 있은 후 1년이 지난 것으로 또 지방관헌의 통보로 이는 국제법상 효력이 없는 것이다. 심흥택 군수의 보고를 통해서 1905년 은밀하게 이루어진 일본의 독도 영토 편입 사실이 드러나게 되었다.
홍순칠	원산전투에서 부상을 입고 1952.7.15. 명예 전역한 홍순칠은 울릉도에서 제대군인을 결속하여 독도의용수비대를 결성, 1953.4.20. 독도에 상륙하여 4월 21일 국기게양식을 가졌다. 일본 경비정이 독도에 접근하는 것을 3차에 걸쳐 격퇴시켰다. 광복 후 독도에 대한 점유에 의한 실효적 지배는 홍 대장의 활약으로 시작되었다.

표28 **Critical Date**

의의	① Critical Date(결정적 일자)는 국제재판에서 재판의 기준이 되는 일자를 말한다. ② 그 일자 이후의 당사자의 행위가 그 소송의 쟁점에 영향을 줄 수 없는 일자, 즉 그 이후의 행위의 증거능력이 부정되는 일자이다. ③ Critical Date는 분쟁이 결정화(結晶化)된 일자이다.
결정	① 분쟁당사자가 합의로 결정할 수 있으며 특히 제소합의로 결정한다. ② 분쟁당사자가 합의로 결정하지 아니한 경우에 재판소가 결정한다. ③ 그것은 분쟁이 결정화된 일자로 결정된다. 언제를 분쟁이 결정화된 일자로 볼 것이냐가 문제되게 된다.

적용범위	① 적용되는 범위: 주로 실효적 지배를 요건으로 하는 다음의 경우에 적용되게 된다. 　㉠ 선점에 관한 분쟁 　㉡ 시효취득에 관한 분쟁 　㉢ 응고취득에 관한 분쟁 　㉣ 원시적 권원에 관한 분쟁 ② 적용되지 아니하는 범위 　㉠ 조약의 해석에 관한 분쟁 　㉡ *uti possidetis*의 원칙(현상유보의 원칙) 적용에 관한 분쟁
효과	① 원칙: Critical Date 이후의 행위의 증거능력은 인정되지 아니한다. ② 예외: Critical Date 이후의 행위로 다음의 경우에는 증거능력이 인정된다. 　㉠ 당사자의 법적 지위를 개선할 목적을 가진 행위가 아닐 것 　㉡ 당사자의 행위가 중단됨이 없어 유사한 방식으로 계속될 것
독도영유권 분쟁에 예상되는 Critical Date	① 한일 간 독도영유권 분쟁에 예상되는 Critical Date 　㉠ 1905.2.20.(시네마현 고시 제40호의 고시일) 　㉡ 1910.8.22.(한일합방일) 　㉢ 1919.3.1.(독립선언일) 　㉣ 1945.8.15.(광복일) 　㉤ 1945.9.2.(항복문서 서명일) 　㉥ 1946.1.29.(SCAPIN 제677호 발령일) 　㉦ 1948.8.15.(정부수립일) 　㉧ 1951.9.8.(대일평화조약 체결일) 　㉨ 1952.1.18.(평화선 선언일) 　㉩ 1952.1.28.(평화선 선언에 대한 일본의 항의일) 　㉪ 1953.4.20.(독도의용수비대 독도점유일) 　㉫ 1954.8.18.(독도등대 설치일) 　㉬ 1954.10.28.(일본의 국제사법재판소 제소제의에 대한 한국의 항의일) 　㉭ 1956.12.25.(독도경비대 독도점유일) 　㉮ 1982.11.4.(독도 천연기념물 제366호 지정일) 등 ② Critical Date를 이유로 한 독도의 실효적 지배를 반대하는 견해 비판 　㉠ 1952년 1월 28일(평화선 선언에 대한 일본의 항의일)이 Critical Date로 설정된 것이므로 그 이후의 독도에 대한 실효적 지배는 아무런 증거능력이 인정되지 아니한다는 이유로 실효적 지배를 반대하는 견해가 있다. 　㉡ 그러나 이 견해는 다음과 같은 이유에서 부당하다. 　　ⓐ 최근의 학설과 판결은 Critical Date를 무시 부정하는 것이 추세이므로 한일 간의 독도분쟁에 반드시 Critical Date가 설정될지 불확실하다. 　　ⓑ 한일 간의 합의로 1952년 1월 28일 이후로 Critical Date가 정해질 수 있다. 　　ⓒ 한일 간의 독도분쟁이 대일평화조약의 해석분쟁으로 제소되게 될 경우 Critical Date 이론은 적용되지 아니한다. 　　ⓓ Critical Date 이후의 행위도 예외적으로 증거능력이 인정되는 경우가 있다.

표29 **독도와 한국방공식별구역**

방공식별구역의 의의		① 방공식별구역(Air Defense Identification Zone: ADIZ)은 영공을 보호하기 위해 영공의 외측에 설정하는 일정범위의 공역을 말한다. ② 이는 영공의 수평 외측에 설정되는 안전공역이다.
한일 방공식별구역의 설치	한국방공식별구역의 설치	① 1951.3.22. 국제연합군사령부는 '한국방공식별구역'(Korean Air Defense Identification Zone: KADIZ)을 설정했다. ② 동 구역은 독도의 상공을 포함하고 있다.
	일본방공식별구역의 설치	① 1969년 일본도 방공식별구역을 설정했다. 동 구역은 '내부 일본방공식별구역'(Inner JADIZ)과 그 외부에 설치된 '외부 일본방공식별구역'(Outer JADIZ)으로 구분된다. ② '외부 일본방공식별구역'은 독도의 상공을 포함하고 있지 않다.
국제연합에 의한 한국의 독도영유권 승인		① 국제연합이 독도의 상공을 포함하는 '한국방공식별구역'을 설정했다. ② 이는 국제연합이 독도의 한국영유권을 승인한 것이다.

표30 **독도의 실효적 지배**

실효적 지배의 의의	영토주권의 행사, 영토주권의 현시 영토주권에 대한 통치권의 효과적 지배
실효적 지배의 방법	① 실효적 지배를 하는 '국가기관을 기준'으로 다음과 같은 방법이 있으며, 모두 실효적 지배로 인정된다. 　㉠ 입법권의 행사에 의한 방법: 예컨대 법률의 제정 　㉡ 행정권의 행사에 의한 방법: 예컨대 건축허가, 매립면허, 출입국심사, 외교적 항의 　㉢ 사법권의 행사에 의한 방법: 예컨대 형사재판권의 행사, 민사재판권의 행사 ② 실효적 지배의 '성질을 기준'으로 다음과 같은 방법이 있으며, 모두 실효적 지배로 인정된다. 　㉠ 사실 행위적 실효적 지배: 예컨대 도로의 개설, 주택의 건축, 법인의 체포, 병력의 주둔, 국가원수의 방문 　㉡ 법률 행위적 실효적 지배: 예컨대 법률의 제정, 건축의 허가, 납세의 고지, 형사재판, 조약의 체결·폐지, 외교적 항의 ③ 실효적 지배의 '영역을 기준'으로 다음과 같은 방법이 있으며, 모두 실효적 지배로 인정된다. 　㉠ 영토에 대한 실효적 지배: 예컨대 병력의 주둔, 출입국허가, 시추, 법률위반 선박나포, 어업수역 설정 　㉡ 영공에 대한 실효적 지배: 예컨대 비행금지구역설정, 강제착륙, 격추 ④ 실효적 '점유를 기준'으로 다음과 같은 방법이 있으며, 모두 실효적 지배로 인정된다. 　㉠ 점유에 의한 실효적 지배: 예컨대 병력의 주둔, 농장의 경영, 통신기기 설치와 요원의 상주, 화력의 배치 　㉡ 비점유에 의한 실효적 지배: 예컨대 법률의 제정, 법인의 체포, 우표의 발행, 납세의 고지, 외교적 항의

실효적 지배의 필요성	권원의 대체	역사적 권원을 현대국제법상 권원으로 대체, 역사적 권원은 현대국제법상 권원으로 대체되지 아니하면 현대국제법상 효력이 없다.
	권원의 취득	새로운 권원을 취득하기 위한 필요
	권원의 유지	가. 취득한 권원의 보전을 위한 지배 나. 취득권원도 유지되지 아니하면 실효된다.

실효적 지배	경찰경비대의 실효적 지배	가. 행정기관에 의한 실효적 지배
		    사실행위적 실효적 지배
		    점유에 의한 실효적 지배

	실효적 법률에 의한 실효적 지배	입법기관에 의한 실효적 지배: 법률의 제정, 조약의 체결동의 행정기관에 의한 실효적 지배: 건축허가, 어업허가, 도로의 개설, 납세고지 등 비점유에 의한 실효적 지배: 법률의 제정, 건축허가, 어업허가 등 법률행위적 실효적 지배: 법률의 제정, 건축허가, 납세고리 등
	실효적 지배 필요성	권원의 유지

참고문헌

김교식,『독도수비대 』, 서울: 선문출판사, 1979.

김명기,『독도와 국제법 』, 서울: 화학사, 1987.

_____,『독도의용수비대와 국제법 』, 서울: 다물, 1998.

_____,『독도의 영유권과 국제법 』, 안산: 투어웨이사, 1999.

_____,『독도의 영유권과 신한일어업협정 』, 서울: 우리영토, 2007.

_____,『독도의 영유권과 실효적 지배 』, 서울: 우리영토, 2007.

_____,『독도의 영유권과 국제재판 』, 서울: 한국학술정보, 2013.

_____,『독도의 영유권과 권원의 변천 』, 서울: 독도조사연구학회, 책과사람들, 2013.

김명기 편,『독도연구 』, 서울: 법률출판사, 1997.

_____,『독도특수연구 』, 서울: 독도조사연구학회, 2001.

김병렬,『독도냐, 다께시마냐 』, 서울: 다다미디어, 1996.

_____,『독도 』, 서울: 다다미디어, 1998.

_____,『일본 정부의 독도침탈사 』, 서울: 바른역사정립기획단, 2006.

김영구,『독도영토주권의 위기 』, 부산: 다솜출판사, 2006.

김원식,『독도 논문집 』, 서울: 일심사, 1968.

김학준,『독도는 한국땅 』, 서울: 해 맡이, 2005.

나홍주,『일본의 독도영유권 주장과 국제법상 부당성 』, 서울: 금광, 1996.

_____,『독도의 영유권에 관한 국제법적 연구 』, 서울: 법서출판사, 2000.

노계현,『한국외교사 연구 』, 서울: 갑인출판사, 1983.

_____,『조선의 영토 』, 서울: 한국방송대학교출판부, 1997.

대한공론사,『독도 』, 성루: 대한공론사, 1965.

독도박물관,『독도 그리고 울릉도 』, 울릉군: 울릉청, 2005.

독도본부,『독도는 한국땅인가 』, 서울: 백산서당, 2003.

_____,『독도학술 토론회 』, 전10권, 서울: 독도연구보전협회, 1998~2003.

동북아역사재단,『영원한 우리 땅 독도 』, 서울: 동북아역사재단, 2011.

_____,『독도바로알기 』, 서울: 동북아역사재단, 2011.

_____,『우리 땅 독도를 만나다 』, 서울: 동북아역사재단, 2012.

_____,『독도분교재활용, 교수 · 학습과정안 및 학습지 』, 서울: 동북아역사재단, 2013.

바른역사정립기획단,『독도−6세기 이래 대한민국의 영토 』, 서울: 바른역사정립기획단, 2005.

박경래,『독도의 사법적 연구 』, 서울: 일요신문사, 1965.

서대구JC,『독도가 한국을 살린다』, 서울: 백산서당, 2004.

신용하,『독도, 보배로운 한국영토』, 서울: 지식산업사, 1996.

_____,『독도의 민족영토사 연구』, 서울: 지식산업사, 1996.

양태진,『한국변경사연구』, 서울: 법경출판사, 1989.

외무부,『독도문제 개론』, 서울: 외무부 정무국, 1955.

이부균,『한국독도 어떻게 지킬 것인가』, 서울: 한국독도연구원, 2010.

이한기,『한국의 영토』, 서울: 서울대학교출판부, 1996.

이석우,『일본의 영토분쟁과 샌프란시스코 평화조약』, 인천: 인하대학교출판부, 2003.

지철근,『평화선』, 서울, 범우사, 1979.

한국해양연구소,『독도생태계 등 기초조사연구』, 서울: 해양수산부, 2000.

황상기,『독도영유권 해설』, 서울: 근로학생사, 1954.

Myung-ki Kim, Territorial Sovereignty over Dokdo and International Law, Claremont, California:
　　　　Paige Press, 2000.

저서목록

Ⅰ. 독도연구 저서목록

1. 『독도와 국제법』, 서울: 화학사, 1987.
2. 『독도연구』(편), 서울: 법률출판사, 1997.
3. 『독도의용수비대와 국제법』, 서울: 다물, 1998.
4. 『독도의 영유권과 국제법』, 안산: 투어웨이사, 1999.
5. Territorial Sovereignty over Dokdo, Claremont, California: Paige Press, 2000.
6. 『독도특수연구』(편), 서울: 법서출판사, 2001.
7. 『독도의 영유권과 신한일어업협정』, 서울: 우리영토, 2007.
8. 『독도의 영유권과 실효적 지배』, 서울: 우리영토, 2007.
9. 『독도의 영유권과 대일평화조약』, 서울: 우리영토, 2007.
10. 『독도강의』, 서울: 독도조사연구학회 / 책과사람들, 2009.
11. 『독도 100문 100답집』, 서울: 우리영토, 2008.
12. 『독도영유권의 역사적·국제법적 근거』, 서울: 우리영토, 2009.
13. 『일본외무성 다케시마문제의 개요 비판』(공저), 서울: 독도조사연구학회 / 책과사람들, 2010.
14. 『안용복의 도일활동과 국제법』, 서울: 독도조사연구학회 / 책과사람들, 2011.
15. 『독도의 영유권과 국제재판』, 서울: 한국학술정보, 2012.
16. 『독도의 영유권과 권원의 변천』, 서울: 독도조사연구학회 / 책과사람들, 2012.

Ⅱ. 독도연구 논문 목록

1. "독도의 영유권 귀속", 육군사관학교, 육사신보, 제185호, 1978. 6. 30.
2. "국제법상 독도의 영유권", 국가고시학회, 「고시계」, 제23권 제9호, 1978. 9.
3. "The Minquiers and Ecrehos Case의 분석과 독도문제," 지학사, 「월간고시」, 제6권 제3호, 1979. 3.
4. "독도의 영유권문제에 관한 국제사법재판소의 관할권"(상), 국가고시학회, 「고시계」, 제6권 제3호, 1979. 3.

5. "독도 영유권문제에 관한 국제사법재판소의 관할권"(하), 국가고시학회, 「고시계」, 제24권 제11호 1979. 11.

6. "독도 문제에 관한 국제사법재판소의 관할권에 관한 연구", 대한국제법학회, 「국제법학회논총」, 제27권 제2호, 1982. 12.

7. "독도에 대한 일본의 선점 주장과 통고 의무", 국가고시학회, 「고시계」, 제28권 제8호, 1983. 8.

8. "국제법상 도근현고시 제40호의 법적 성격", 법지사, 「월간고시」, 제10권 제11호, 1983. 11.

9. "독도의 영유권과 제2차 대전의 종료", 대한국제법학회, 「국제법학회논총」, 제30권 제1호, 1985. 6

10. "국제법상 일본으로부터 한국의 분리에 관한 연구", 대한국제법학회, 「국제법학회논총」, 제33권 제1호, 1988. 6.

11. "한일 간 영토분쟁(독도): 독도의 영유권에 관한 일본정부 주방에 대한 법적 비판", 광복 50주년 기념사업회, 「청산하지 못한 일제시기의 문제」, 서울: 광복 50주년기념사업회, 1995. 6. 30.

12. "한일 간 영토분쟁", 광복50주년기념사업회·학술진흥재단, 「일제식민정책 연구논문」, 서울: 학술진흥재단, 1995. 8.

13. "자존의 땅 - 독도는 우리의 것", 경인일보사, 「메트로포리스탄」, 제26호, 1996. 2.

14. "한일 배타적 경제수역 설정과 독도 영유권", 자유총연맹, 「자유 공론」, 제348호, 1996. 3.

15. "국제법상 독도영유권과 한일 경제수역", 국제문제연구소, 「국제문제」, 제27권 제4호, 1996. 4.

16. "독도의 영유권에 관한 한국과 일본의 주장 근거", 독도학회, 「독도의 영유권과 독도 정책」, 독도학회 창립기념 학술심포지움, 1996. 4.

17. "독도에 대한 일본의 영유권 주장의 부당성", 도서출판 소화, 「지성의 현장」 제6권, 제7호, 1996. 7.

18. "독도에 대한 일본의 무력행사시 제기되는 국제법상 제 문제", 한국군사학회, 「군사논단」 제7호, 1996. 7.

19. "한국의 독도 영유권 주장 이론", 한국군사문제연구소, 「한국군사」 제3호, 1996. 8.

20. "독도의 영유권 문제와 민족의식", 한국독립운동사연구소·독도학회, 제10회 독립운동사 학술 심포지움, 1996. 8. 8.

21. "국제법 측면에서 본 독도문제", 국제교과서연구소, 국제역사교과서 학술회의, 프레스센타, 1996. 10. 23-24.

22. "국제법으로 본 독도영유권", 한국독립운동연구소, 「한국독립운동사연구」, 제10집, 1996.

23. "독도의 영유권과 한일합방 조약의 무효", 한국외교협회, 「외교」, 제38호, 1996.

24. "독도와 대일 강화조약 제2조", 김명기 편, 「독도연구」, 서울: 법률출판사, 1996.

25. "대일 강화조약 제2조에 관한 연구", 대한국제법학회, 「국제법학회논총」, 제41권 제2호, 1996. 12.

26. "독도와 조어도의 비교 고찰", 국제문제연구소, 「국제문제」, 제28권 제1호, 1997. 1.

27. "독도에 대한 일본의 영유권 주장에 대한 소고", 명지대학교, 「명대신문」, 제652호, 1997. 11. 7.

28. "A Study on Legal of Japa's Claim to Dokdo", The Institute of Korean Studies, Korea Observer, Vol.28, No.3, 1997.

29. "독도의 영유권에 관한 연구: 독도에 대한 일본의 무력행사의 위법성", 대한국제법학회, 「국제법학회논총」, 제42권 제2호, 1997. 6.

30. "독도에 대한 일본의 무력행사시 국제연합의 제재", 아세아 사회과학연구원 「연구논총」 「한일

간의 국제법 현안 문제」, 제7권, 1998. 4.

31. "The Island of Palmas Case(1928)의 판결요지의 독도문제에의 적용", 판례월보사, 「판례월보」, 제336호, 1998. 9.

32. "독도문제 해결을 위한 새 제언", 한국외교협회, 「외교」, 제47호, 1998. 10.

33. "독도문제와 조어도 문제의 비교 고찰", 강원대학교 비교법학연구소, 「강원법학」, 제10권 (김정후교수 회갑 기념 논문집), 1998. 10.

34. "The Clipperton Island Case(1931) 판결요지의 독도문제에의 적용", 판례월보사, 「판례월보」, 제346호, 1999. 7.

35. "독도에 대한 일본정부의 주장과 국제사법재판소의 관할권에 관한 연구", 명지대학교 사회과학연구소, 「사회과학논총」, 제15집, 1999. 12.

36. "독도영유권과 신 한일어업협정", 독도학회, 한일어업협정의 재개정준비와 독도 EEZ 기선문제 세미나, 2000. 9.

37. "한일 간 독도영유권 시비의 문제점과 대책", 한국군사학회, 「한국의 해양안보와 당면과제」(국방·군사세미나 논문집), 2000. 10.

38. "독도의 영유권과 신 한일어업협정 개정의 필요성", 독도학회, 「독도영유권연구논집」, 서울: 독도연구보전 협회, 2002.

39. "A Study an Territorial Sovereignty over Dokdo in International Law-Refutation to the Japanese Gerenment's "Assertions of the Occupied Territory", 독도학회, 「독도영유권 연구논집」, 서울: 독도연구보전 협회, 2002.

40. "헌법재판소의 신 한일어업협정의 위헌확인 청구에 대한 기각 이유 비판", 판례월보사, 「쥬리스트」, 2002. 3.

41. "독도영유권에 관한 일본정부 주장에 대한 법적 비판", 독도학회, 「한국의 독도영유권 연구사」, 서울: 독도연구 본전 협회, 2003.

42. "독도개발 특별법에 관한 공청회를 위한 의견서", 국회농림해양수산위원회, 「독도개발특별법안에관한공청회」 2004. 2. 12. 국회의원회관.

43. "한일어업협정 폐기의 법리", 한겨레신문, 2005. 5. 13.

44. "독도의 실효적 지배 강화와 신 한일어업협정의 폐기", 국제문제연구소, 「국제문제」, 제36권 제6호, 2005. 6.

45. "한일어업협정과 독도영유권 수호정책", 한국영토학회, 「독도 영유권수호의 정책방안」, 한국영토학회 주최 학술토론회, 국회헌정 기념관 별관 대회의실, 2005. 11.

46. "독도문제와 국제재판/국제재판소의 기능과 영향력", 자유총연맹, 「자유공론」, 제464호, 2005. 11.

47. "독도의 실효적 지배 강화와 역사적 응고 취득의 법리", 국제문제연구소, 「국제문제」, 제36권 제11호, 2005. 11.

48. "독도의 영유권문제에 대한 국제사법재판소의 관할권", 국제문제연구소, 「국제문제」, 제37권 제1호, 2006. 1.

49. "독도와 연합군 최고사령부 훈령 제677호에 관한 연구", 한국 외교협회, 「외교」, 제76호, 2006. 1.

50. "신 한일어업협정과 금반언의 효과", 독도조사 연구학회, 「독도논총」, 제1권 제1호, 2006. 4.

51. "제2차 대전 이후 한국의 독도에 대한 실효적 지배의 증거", 독도조사 연구학회, 「독도논총」,

제1권 제1호, 2006. 4.

52. "맥아더 라인과 독도", 국제문제연구소, 「국제문제」, 제37권 제5호, 2006. 5.

53. "대일 평화조약 제2조 (a)항과 한국의 독도 영유권에 관한 연구", 한국외교협회, 「외교」, 제78호, 2006. 7.

54. "독도 영유권에 관한 대일 평화조약 제2조에 대한 일본정부의 해석 비판", 국제문제연구소, 「국제문제」, 제37권 제7호, 2006. 7.

55. "Sovereignty over Dokdo Island and Interpretation of Article 2 of the Peace Treaty with Japan", The Institute for East Asian Studies, East Asian Revuew, Vol.18, No.2, 2006.

56. "독도를 기점으로 하지 아니한 신 한일어업협정 비판", 독도조사연구학회, 「독도논총」, 제1권 제2호, 2006. 9.

57. "대일 평화조약 제2조의 해석과 Critical Date", 독도조사연구학회, 「독도논총」, 제1권 제2호, 2006. 9.

58. "독도의 실효적 지배 강화와 Critical Date", 법조협회, 「법조」, 통권 제602호, 2006.11.

59. "국제연합에 의한 한국의 독도영유권 승인", 한국외교협회, 「외교」, 제81호, 2007.4.

60. "한일어업협정 제9조 제2항과 합의 의사록의 위법성·유효성", 독도본부, 제15회 학술토론회(토론), 2007. 1. 16.

61. "한일공동관리수역의 추적권 배제는 독도영유권 침해행위", 독도본부, 제16회 학술토론회, 2007. 2. 24.

62. "한일어업협정 폐기해도 금반언의 원칙에 의한 일본의 권리는 그대로 남는다", 독도본부, 제17회 학술토론회, 2007. 3. 31.

63. "한일어업협정은 어업협정인가?", 독도본부, 제18회 학술토론회, 2007. 4. 18.

64. "대일평화조약상 독도의 영유권과 uti Possidetis 원칙", 한국 외교협회, 「외교」 제81호, 2007. 5.

65. "국제법학자 41인의 '독도영유권과 신한일어업협정에 대한 우리의 견해'(2005. 4 .5)에 대한 의견", 독도본부, 제19회 학술토론회, 2007. 5. 23.

66. "한일어업협정 폐기 후 이에 국제법상 대책방안 모색", 독도본부, 제20회 학술토론회, 2007. 6. 20.

67. "한일어업협정 폐기 후 대안 협정 초안 주석", 독도본부, 제21회 학술토론회, 2007. 7. 18.

68. "한일어업협정 폐기 후 대안 협정 초안 주석(Ⅱ)", 독도본부, 제22회 학술토론회, 2007. 8. 21.

69. "국제연합과 독도영유권", 국제문제연구원, 「국제문제」 제38권 제10호, 2007. 10.

70. "독도연구의 회고와 전망", 동북아역사재단주최, 주제강연(2007. 11. 7, 아카데미 하우스)

71. "국제연합에 의한 한국독도영유권의 승인에 관한 연구", 외교협회, 「외교」 제85호, 2005. 4.

72. "대한민국국가지도집중 영토와 해양의 동측 경계의 오류", 독도조사연구학회, 2008년도 정기학술세미나(2008. 6. 28, 독도본부 강당).

73. "The Territorial Sovereignty over Dokdo in The Peace Treaty with Japan and the Principle of uti Possidetis", Korean Observation or Foreign Relations, Vol.10, No.1, August 2008.

74. 「독도 100문 100답집」, 서울: 우리영토, 2008.8

75. "독도 연구의 회고와 전망", 동북아 역사 재단, 「독도시민사회백서 2006-2007」, 2008. 4.

76. "국제법상 일본의 독도영유권 주장에 대한 대일항의에 관한 연구", 영남대학교 독도연구소, 「독도연구」, 제5호, 2008.12.

77. "일본의 기망행위에 의해 대일평화조약 제2조에서 누락된 독도의 영유권", 외교통상부, 「국제법 동향과 실무」, 제7권 제3·4호, 2008.12.

78. "페드라 브랑카 사건(2008) 판결과 독도영유권", 법률신문사, 법률신문, 제3714호, 2009.1.15.

79. "페드라 브랑카 사건과 중간수역 내의 독도"(상), 한국국제문화연구원, 「국제문제」, 제40권 제3호, 2009.3.

80. "독도영유권문제와 국제법상 묵인의 법적 효과", 한국외교협회, 「외교」, 제89호, 2009.4.

81. "페드라 브랑카 사건과 중간수역 내의 독도"(하), 한국 국제문화연구원, 「국제문제」, 제40권 제4호, 2009.4.

82. 「독도영유권의 역사적·국제법적 근거」, 서울: 우리영토, 2009.6.

83. "독도의 실효적 지배강화 입법정책 검토", 동북아역사재단발표, 2009.6.5.

84. "독도의 실효적 지배강화 입법정책의 국제법상 검토", 법률신문사, 법률신문, 제3757호, 2009.6.25.

85. "페드라 브랑카 사건(2008)의 판결취지와 독도영유권문제에 주는 시사점", 영남대학교 독도연구소, 「독도연구」 제6호, 2009.6.

86. "한일 해양수색 및 구조훈련과 독도영유권", 법률신문사, 법률신문, 제3778호, 2009.9.17.

87. "정부의 독도시책과 학자의 독도연구 성찰", 동북아역사재단 독도연구소 콜로키움, 제천, 2009.10.15.

88. "다케시마 10포인트 대일평화조약 관련조항 제3항 비판", 한국해양수산개발원, 「독도연구저널」 제17권, 2009. 가을.

89. "국제법상 지도의 증명력", 독도보전협회, 서울역사박물관, 토론발표, 2009.10.11.

90. "간도영유권회복, 대책 시급", 자유총연맹, 「자유공론」, 제7호, 2008.8.

91. "조중국경조약과 간도", 북한연구소, 「북한」, 제441호, 2008.9.

92. "간도영유권 100년 시효실의 긍정적 수용 제의", (상)천지일보사, 천지일보, 제11호, 2009.11.18.

93. "안용복의 도일활동의 국제법상 효과에 관한 연구" 동북아역사재단 위촉연구, 2009.12.20.

94. "안용복의 도일활동과 국제법", 「독도저널」, (08-09) 2009.9.

95. "국제법상 대한제국칙령 제41호에 의한 역사적 권원의 대체", 한국해양수산개발원, 「독도연구저널」 제9권, 2010.3.

96. "독도영유권과 porum progatum", 외교협회, 「외교」, 제94호, 2010.7.

97. "독도를 일본영토가 아닌 것으로 규정한 일본법령 연구", 동북아역사재단 독도연구소, 「제6회 독도연구 골로키움」, 2010.7.6-8.

98. "한일기본조약 제2조의 해석", 법률신문, 제3863호, 2010.8.12.

99. "일본 총리부령 제24호와 대장성령 제4호에 의한 한국의 독도영토주권의 승인", 영남대 독도연구소, 「독도연구」, 제9호, 2010.12.

100. "국제법상 한국의 독도영유권의 근거", 독도문화 심기운동본부, 「한민족의 구심점」(서울: 독도문화심기운동본부, 2010.12.)

101. "국제법상 신라이사부의 우산국 정복의 합법성에 관한 연구", 이사부학회, 「이사부와 동해」, 제2호, 2010.12.

102. "국제법상 독도영유권의 법적 근거", 법률신문, 제3899호, 2010.12.28.

103. "한일합방조약 체결 100년, 성찰의 해", 천지일보, 제99호, 2010.12.29.

104. "국제법상 신라 이사부의 우산국 정복의 합법성에 관한 연구", 강원일보·강원도·삼척시, 「이사부총서」(III), 2010.12.

105. "대한제국칙령 제41호에 의한 역사적 권원의 대체에 관한 연구", 독도조사연구학회, 「독도논총」, 제5권 제1·2 통합호, 2010년 12월.

106. "한일합방조약의 부존재에 관한 연구", 법조협회, 「법조」, 통원 제655호, 2011년 4월.

107. "대일민족소송 기각결정의 국제법상효과에 관한 연구", 대한변호사협회, 「인권과 정의」, 제417호, 2011년 5월.

108. "국제법상 쇄환정책에 의한 독도영토주권의 포기여부 검토", 영남대학교 독도연구소, 「독도연구」 제10호, 2011년 6월.

109. "이사부의 우산국 부속에 의한 독도의 고유영토론 검토", 한국이사부학회, 「2011년 전국해양문화 학자대회」 주제발표, 2011년 8월 4일.

110. "페드라 브랑카 사건판결과 중간수역 내에 위치한 독도의 법적 지위", 동북아역사재단 독도연구소, 「제7회 정기 독도연구 콜로키움」 2011년 8월 4일.

111. "통일 이후 한국의 국경문제와 조중국경조약의 처리문제", 법제처, 「2011년 남북법제연구 보고서」, 2011. 8.

112. "독도영유권 강화사업의 필요성 검토", 법률신문사, 법률신문, 제3639호, 2011. 8. 29.

113. "일본 자위대의 독도 상륙의 국제법상 문제점과 법적 대처방안", 한국독도연구원, 국회 독도 지킴이 「한국 독도 어떻게 지킬 것인가」, 국회 도서관 회의실, 2011. 10. 4.

114. "독도의 역사적 연구의 기본방향", 세계국제법협회 한국본부 독도 조사연구학회, 「독도의 영유권과 해양주권에 관한 심포리 임」, 코리아나 호텔, 2001. 12. 13.

115. "일본 자위대 독도 상륙시 국제법상 문제점과 법적 대처 방안", 해병대 전략연구소, 「전략논단」, 제14호, 2011. 가을.

116. "국제법상 독도의 용수미대의 법적 지위에 관한 연구", 대한적십자사 인도법연구소, 「인도법논총」, 제31호, 2011.

117. "국제법상 지리적 접근성의 원칙과 독도" 영남대 독도연구소, 「독도연구」, 제11호, 2011. 12 .

Ⅲ. 저서목록

1. 「전시국제법연구」, 서울: 육사, 1970.

2. 「국제법」, 서울: 박영사, 1971.

3. 「국제법학」, 서울: 일신사, 1972.

4. 「주제중심, 국제법」, 서울: 화학사, 1973.

5. 「남북공동성명과 국제법」, 서울: 법문사, 1975.

6. 「혁명전쟁과 국제법」, 서울: 육사, 1975.

7. 「국제법연습」, 서울: 박영사, 1976.

8. The United Nations and Korean Was. Document and Materials, Seoul: K.M.A, 1976.

9. 「국제법상 남북한의 법적지위」, 서울: 화학사, 1980.

10. 「국제사법요론」, 서울: 법지사, 1985.

11. 「국제사법통론」, 서울: 학구사, 1985.

12. 「제네바협약백문백답」, 서울: 대한적십자사, 1984.

13. 「법학개론」, 서울: 법지사, 1985.

14. 『독도와 국제법』, 서울: 화학사, 1987.

15. 『남북한연방제 통일론』, 서울: 탐구원, 1988.

16. 『분단한국의 평화보장론』, 서울: 법지사, 1988.

17. 『법학개론』, 서울: 화학사, 1989.

18. 『북방정책과 국제법』, 서울: 국제문제연구소, 1989.

19. 『주한국제연합군과 국제법』, 서울: 국제문제연구소, 1990.

20. The Korean War and International Law, Claremont: Peige Press, 1991.

21. 『간추린 제네바협약』, 서울: 대한적십자사, 1992.

22. 『남북기본합의서 요론』, 서울: 국제문제연구소, 1992.

23. 『정신대와 국제법』, 서울: 법지사, 1993.

24. 『한반도 평화협정의 체결』, 서울: 국제법출판사, 1993.

25. 『남북한 통일정책』, 서울: 국제문제연구소, 1995.

26. 『국제법원론(상)』, 서울: 박영사, 1995.

27. 『국제법원론(하)』, 서울: 박영사, 1996.

28. 『국제계약법』, 서울: 박영사, 1996.

29. 『통일안보 조약자료집』, 서울: 국제문제연구소, 1997.

30. 『독도연구(편)』, 서울: 법률출판사, 1997.

31. 『독도의용수비대와 국제법』, 서울: 다물, 1998,

32. 『간도연구』, 서울: 법서출판사, 1999.

33. 『한반도 비핵지대화와 국제법』, 서울: 소화, 1998.

34. 『독도의 영유권과 국제법』, 서울: 투어웨이사, 1999.

35. 『북한주민의 인권과 국제법』, 서울: 법서출판사, 2000.

36. Territorial Sovereignty over Dokdo, Claremont, California: Peige Press, 2000.

37. 『남북한 군비축소론』, 서울: 명지대출판사, 2001.

38. 『독도특수연구』, 서울: 법서출판사, 2001.

39. 『국제사법원론』, 서울: 법지사, 2002.

40. 『남북 간 저작권 상호 보호 방안 연구』, 서울: 통일부, 2002.

41. 『국제인도법』, 서울: 대한적십자사, 2005.

42. 『독도의 영유권과 신한일 어업협정』, 서울: 우리영토, 2007.

43. 『독도의 영유권과 실효적 지배』, 서울: 우리영토, 2007.

44. 『독도강의』, 서울: 책과사람들, 2007.

45. 『독도의 영유권과 대일평화조약』, 서울: 우리영토, 2007.

46. 『독도100문 100답집』, 서울: 우리영토, 2008.

47. 『대한제국과 국제인도법』, 서울: 책과사람들, 2008.

48. 『독도영유권의 역사적 국제법적 근거』, 서울: 우리영토, 2009.

49. 『일본외무성 타케시마문제의 개요비판(공저)』, 서울: 책과사람들, 2010.

50. 『안용복의 도일활동과 국제법』, 서울: 독도조사연구학회 / 책과사람들, 2011.

51.『독도의 영유권과 국제재판』, 서울: 한국학술정보, 2012
52.『독도의 영유권과 권원의 변천』, 서울: 독도조사연구학회 / 책과 사람들, 2012.
53.『간도의 영유권과 국제법』, 서울: 한국학술정보, 2013.

참고문헌

김명기(金明基)

배재고등학교 졸업
서울대학교 법과대학 졸업
육군보병학교 졸업(갑종간부 제149기)
단국대학교 대학원 졸업(법학박사)
영국 옥스퍼드대학교 연구교수
미국 캘리포니아대학교 객원교수
중국 길림대학교 객원교수
대한국제법학회 회장
세계국제법협회 한국본부 회장
화랑교수회 회장
행정고시 · 외무고시 · 사법시험 위원
외무부 · 국방부·통일원 정책자문위원
주월한국군사령부 대외정책관
명지대학교 법정대학장 · 대학원장
육군사관학교 교수(육군대령)
강원대학교 교수
천안대학교 석좌교수
현) 독도조사연구학회 명예회장
　　명지대학교 명예교수
　　대한적십자사 인도법 자문위원
　　상사중재위원

독도 객관식 문제연습

초판인쇄	2013년 11월 11일
초판발행	2013년 11월 11일

지은이	김명기
펴낸이	채종준
기 획	이혜지
편 집	백혜림
디자인	홍은표·이명옥

펴낸곳	한국학술정보(주)
주 소	경기도 파주시 문발동 파주출판문화정보산업단지 513-5
전 화	031)908-3181(대표)
팩 스	031)908-3189
홈페이지	http://ebook.kstudy.com
E-mail	출판사업부 publish@kstudy.com
등 록	제일산-115호(2000.6.19)

ISBN　　978-89-268-5314-6　03330